Campe Lynn

Campe Königin Augustastr. 18 Berlin 3-
Ilward Julia Nürnbergerstr. 46 " 6

LA TERRE
DES PHARAONS,

TABLEAU DE L'ANCIENNE ÉGYPTE,

PAR

M. LEGRAND.

OUVRAGE ACCOMPAGNÉ DE 84 GRAVURES,

D'APRÈS LES MONUMENTS ANTIQUES

PARIS,

LIBRAIRIE DE FIRMIN-DIDOT ET Cie,

IMPRIMEURS DE L'INSTITUT, RUE JACOB, 56.

1888.

LA TERRE
DES PHARAONS.

Typographie Firmin-Didot. — Mesnil (Eure).

LA TERRE
DES PHARAONS,

TABLEAU DE L'ANCIENNE ÉGYPTE,

PAR

M. LEGRAND.

OUVRAGE ACCOMPAGNÉ DE 84 GRAVURES,

D'APRÈS LES MONUMENTS ANTIQUES

PARIS,
LIBRAIRIE DE FIRMIN-DIDOT ET Cie,
IMPRIMEURS DE L'INSTITUT, RUE JACOB, 56.

1888.

LA TERRE
DES PHARAONS.

CHAPITRE PREMIER.

LES ANCIENS ÉGYPTIENS, LEUR ORIGINE ET LEUR HISTOIRE.

La bande de terre végétale qui s'appelle l'Égypte serait inhabitable et stérile, sans le fleuve nourricier qui la féconde après l'avoir formée par ses alluvions. Le Nil a tout créé dans cette partie de l'Afrique, tout, même le sol, et c'est lui encore qui détermine l'aspect du pays aussi bien que le genre de ses productions.

A une époque très reculée, mais qu'il est impossible de préciser, même d'une manière approximative, le delta du Nil ou basse Égypte n'existait pas, et la Méditerranée venait battre de ses vagues le pied du plateau où les Égyptiens construisirent plus tard la ville de Memphis. On sait seulement que, dès le début des temps historiques, la mer s'était retirée déjà au delà de la ligne normale du littoral, bien que les traditions indigènes montrent l'Égypte presque entièrement recouverte par les eaux à l'avènement de Mîni ou Ménès, le premier des rois de race humaine. Cette assertion ne peut plus être soutenue, et il est aujourd'hui indubitable que le Delta avait à peu près sa forme définitive, lorsque la race égyptienne mit le pied dans la vallée du Nil.

D'où venait cette race? d'Asie ou d'Afrique? En d'autres termes, la civilisation égyptienne a-t-elle remonté le fleuve ou l'a-t-elle descendu? Les écrivains de l'antiquité faisaient de l'Égypte une simple colonie éthiopienne, mais les savants contemporains s'accordent à voir dans les Égyptiens des hommes de race proto-sémitique venus d'Asie, soit par l'isthme de Suez, soit par le détroit de Bab-el-Mandeb. Si l'on admet cette seconde hypothèse, on doit admettre aussi, par voie de conséquence, que les émigrants peuplèrent d'abord la Nubie, avant de s'établir entre la première cataracte et la mer. Dès lors, la civilisation aurait bien descendu le Nil; seulement, elle n'en serait pas moins d'origine asiatique.

L'examen des sculptures qui ornent en si grand nombre les monuments de l'Égypte rend facile la tâche de qui veut tracer le portrait physique de ces premiers immigrants. Entrez au musée du Louvre, et regardez. Vous êtes en présence d'un type assez grand, aux épaules larges, à la poitrine saillante. Le bras est nerveux, la main un peu maigre, les doigts effilés, les muscles de la jambe très accusés. La forme aplatie des pieds dénote un peuple qui ignore l'art de s'emprisonner dans d'étroites chaussures Le front est peut-être un peu bas, le nez rond et court, la bouche grande, les lèvres épaisses, les yeux très ouverts.

Fig. 1. — Le Nil, rive droite, près du Djebel Abou-Fodah.

La physionomie a quelque chose de doux et de triste à la fois. « Ces traits, communs à la plupart des statues de l'ancien et du moyen empire, se retrouvent plus tard à toutes les époques, dit M. Maspero. Les monuments de la dix-huitième dynastie, les sculptures saïtes et grecques, si inférieures en beauté artistique aux monuments des vieilles dynasties, conservent sans altération sensible le type primitif. Aujourd'hui même, bien que les classes supérieures se soient défigurées par des alliances répétées avec l'étranger, les simples paysans ont gardé presque partout la ressemblance de leurs ancêtres, et tel fellah contemple avec étonnement les statues de Khâfri ou les colosses des Ousirtasen, qui reproduisent trait pour trait, à plus de quatre mille ans d'existence, la physionomie de ces vieux pharaons. »

Les tribus primitives n'amenèrent avec elles qu'un nombre très restreint d'espèces domestiques : le bœuf, le chien, le mouton, la chèvre. Une fois établies dans la vallée, elles domestiquèrent quelques-uns des animaux qui y pullulaient à l'état sauvage : la gazelle, l'algazelle, le défassa, l'âne, qui a toujours eu en Égypte une beauté de formes et une vigueur que n'ont point les baudets d'Europe. En même temps, il fallut lutter contre les carnassiers, combattre le chat sauvage, le loup, le chacal, la hyène, le léopard, le lion, repousser dans le désert ces hôtes incommodes et dangereux. L'hippopotame et le crocodile encombraient le fleuve, qui, abandonné à lui-même, changeait de lit perpétuellement, laissait toujours à sec certaines parties de la vallée ou croupissait ailleurs en flaques pestilentielles. Le Delta ressemblait à un marais, ponctué d'îles de sable, et couvert de papyrus, de lotus, de roseaux énormes entre lesquels le Nil courait péniblement jusqu'à la mer. L'œuvre des premiers colons fut donc à la fois une œuvre de défense et d'assainissement. Cette œuvre accomplie, l'Égypte fut de prime abord ce qu'elle devait être dans la suite des temps, c'est-à-dire que sa physionomie, si l'on peut ainsi parler, se trouva fixée pour ne plus sensiblement varier. Tout se régla sur le Nil, et les habitants le sentaient si bien qu'ils ne se lassaient jamais de chanter les bienfaits du fleuve, divinisé par leur reconnaissance. Nous possédons sur papyrus l'un de ces hymnes de gratitude, dont voici quelques extraits :

« Salut, ô Nil, ô toi qui t'es révélé sur cette terre et qui viens en paix donner la vie à l'Égypte ! Dieu caché, qui fais, quand tu le veux, les ténèbres, qui arroses les prairies qu'a créées le soleil pour donner la vie à tous les bestiaux !... Repos des doigts est ton travail pour des milliers de malheureux !... Se lève-t-il ? La terre est remplie d'allégresse, tout ventre se réjouit, tout être organisé reçoit sa nourriture, toute dent broie. Il apporte les provisions délicieuses, il crée tout ce qui est bon, le seigneur des nourritures agréables,... il fait pousser l'herbe pour les bestiaux, il prépare les sacrifices pour chaque dieu, l'encens est excellent qui vient par lui. Il se saisit des deux contrées (haute et basse Égypte) pour remplir les entrepôts, pour combler les greniers, pour préparer l'aliment des pauvres. Il germe pour combler tous les vœux, et sans s'épuiser... Il boit les pleurs de tous les yeux et verse

Fig. 2. — Statue de Khâfri.

avec libéralité sur chacun l'abondance de ses biens! »

Les Égyptiens regardaient comme le premier de leurs rois de race humaine un certain Mini (Ménès), originaire de Thini dans la haute Égypte, et la monarchie qu'il avait fondée ne dura pas moins de quatre mille ans, sous trente dynasties consécutives. Les historiens ont l'habitude de diviser cette longue période en trois parties : l'*Ancien*

Fig. 3. — Troupeau d'ânes.

Empire (Ire-XIe dynasties), le *Moyen Empire* (de la XIe dynastie à l'invasion des Pasteurs), le *Nouvel Empire* (de l'invasion des Pasteurs à la conquête perse). Considérant que cette division ne tient pas suffisamment compte de la vie historique du pays, dont le centre de gravité s'est déplacé à plusieurs reprises, M. Maspero a proposé avec raison de diviser l'histoire de l'Égypte en trois périodes correspondant chacune à la suprématie d'une ville ou bien d'une portion de pays sur l'ensemble de l'Égypte : 1° période *memphite* (suprématie de Memphis); 2° période *thébaine* (suprématie de Thèbes); 3° période *saïte* (suprématie de Saïs et des autres villes du Delta).

Jusqu'à l'avènement de Mîni, la classe des prêtres avait été toute-puissante. Avec lui, la classe militaire triompha, et tandis que les vieux sanctuaires étaient abandonnés à leur destinée, Mîni créait Memphis pour en faire le siège de sa résidence. Il consacra la nouvelle ville au dieu Phtah, et c'est le nom sacré de Memphis (*Hakouphtah* ou *demeure de Phtah*) que les Grecs ont appliqué à la terre tout entière des pharaons (Égypte). Mîni et ses descendants immédiats, c'est-à-dire les rois thinites qui forment les deux premières dynasties égyptiennes, réduisirent peu à peu à l'obéissance les tribus de la vallée du Nil, et à l'état de simples gouverneurs, héréditaires mais vassaux, les princes indépendants qui se partageaient la contrée : ils parvinrent à fonder une véritable nation, à réaliser l'unité politique du royaume. Leurs successeurs de la troisième dynastie ne nous sont pas encore connus. Au contraire, les découvertes archéologiques nous ont révélé les souverains de la quatrième dynastie, dont les plus célèbres sont Khoufou (Chéops),

Fig. 4. — Le dieu Phtah.

Khâfrî (Chéphrèn) et Menkerî (Mykérinos), célèbres par les trois grandes pyramides qu'ils construisirent au nord de Memphis, sur la rive gauche du Nil, pour leur servir de tombeaux.

Chéops fut un despote. « Il contraignit tous les Égyptiens à travailler pour lui, raconte Hérodote. Aux uns, il assigna la tâche de traîner les blocs des carrières de la chaîne arabique jusqu'au Nil; les blocs une fois passés au moyen des barques, il prescrivit aux autres de les transporter jusqu'à la chaîne libyque. Ils travaillaient par cent mille hommes, qu'on relevait chaque trimestre. Le temps que souffrit le peuple se répartit de la manière suivante : dix ans pour construire la chaussée sur laquelle on tirait les blocs et les chambres souterraines creusées dans la colline où se dressent les pyramides. Quant à la pyramide (de Chéops), on mit vingt ans à l'édifier. Des caractères égyptiens gravés sur la pyramide marquent la valeur des sommes dépensées en raves, oignons et aulx pour les ouvriers employés aux travaux; si j'ai bonne mémoire, l'interprète qui me déchiffrait l'inscription m'a dit que le total montait à seize cents talents d'argent. S'il en est ainsi, combien doit-on avoir dépensé en fer pour les outils, en vivres et en vêtements pour les ouvriers, puisqu'il a fallu pour bâtir tout le temps que j'ai dit, et le temps non moins considérable, je pense, qu'ont exigé la taille des pierres, leur transport et les excavations souterraines? »

Chéphrèn fut aussi dur que Chéops. Mais, selon la tradition, ces deux tyrans ne purent après leur mort dormir en paix dans les demeures superbes qu'ils s'étaient fait élever en opprimant leur peuple. Exaspérés, les Égyptiens se soulevèrent et mirent en pièces les momies des deux Pharaons. — Nous ajouterons toutefois que les données monumentales contredisent absolument la tradition grecque; elles ne sont d'accord avec elle que sur le compte de Mykérinos, monarque aussi débonnaire que ses prédécesseurs avaient été cruels.

En réalité, les rois de la IVe dynastie, de même que ceux de la Ve, surent élever leur pays à un haut degré de puissance et de grandeur. Sans parler de campagnes heureuses contre les nomades d'Asie, ils eurent l'honneur de régner durant une période où les arts et les sciences prirent en Égypte un développement qui étonne, lorsque l'on songe qu'il se produisit dans des temps aussi reculés. « Le spectacle qu'offre alors l'Égypte, dit Mariette, est très digne de fixer l'attention. Quand le reste de la terre est encore plongé dans les ténèbres de la barbarie, quand les nations les plus illustres qui joueront plus tard un rôle si considérable dans les affaires du monde sont encore à l'état sauvage, les rives du Nil nous apparaissent comme nourrissant un peuple sage et policé, et une monarchie puissante, appuyée sur une formidable organisation de fonctionnaires et d'employés, règle déjà les destinées de la nation. Dès que nous l'apercevons à l'origine des temps, la civilisation égyptienne se montre ainsi à nous toute formée, et les siècles à venir, si nombreux qu'ils soient, ne lui apprendront presque plus rien.

Au contraire, dans une certaine mesure, l'Égypte perdra, car à aucune époque elle ne bâtira des monuments comme les pyramides. »

Depuis la VIe dynastie jusqu'à la XIe, il se produisit dans la vallée du Nil une éclipse temporaire de la civilisation égyptienne, et comme une crise de défaillance dont nous ignorons la cause. Memphis commença à perdre la suprématie qu'elle exerçait depuis Mîni sur tout le royaume, et l'on ne peut guère signaler, durant cette longue période, outre les combats livrés sous Papi Ier aux nomades de l'isthme de Suez, que le règne de Nitaqrit (Nitokris), la *belle aux joues de rose*, qui fit entrer les eaux du Nil dans une salle souterraine où elle avait convié à un banquet les meurtriers de son frère. Cette vengeance accomplie, elle se donna la mort.

Brusquement, à l'avènement de la XIe dynastie, une véritable renaissance a lieu en Égypte. Le centre de gravité du pays, qui s'était déplacé de Memphis à Héracléopolis, se fixe alors à Thèbes, et, sauf la XIVe dynastie, d'origine Xoïte, toutes les autres, de la XIe à la XXIe, sont régulièrement thébaines. Cet événement a une grande importance. Les vieilles cités du sud, avec leurs sanctuaires, avaient été délaissées lors de la fondation de Memphis, et la vie intellectuelle et religieuse s'était concentrée dans la basse Égypte. Les dix premières dynasties étant comprises, d'après Mariette, entre 5004 et 3064 avant J.-C., on voit que cette concentration des forces vives de la nation se prolongea durant une longue période, laquelle est désignée couramment sous le nom d'*Ancien Empire*.

Or, vers la fin de l'Ancien Empire, les princes de Thèbes étaient encore vassaux des pharaons. C'est graduellement, peu à peu, qu'ils arrivèrent à l'indépendance et qu'ils réussirent finalement à remplacer les souverains memphites comme « maîtres des deux pays », c'est-à-dire de la haute et de la basse Égypte. Cet abaissement des rois du nord, cet écrasement de leurs partisans, fut l'œuvre de la XIe dynastie, œuvre complètement achevée sous Amenemhat (Amenémès) Ier. Cet habile monarque, malgré les luttes qu'il eut à soutenir pour parvenir au trône, sut reconstituer l'ordre intérieur, mener à bien diverses entreprises militaires destinées à assurer ses frontières et exécuter de grands travaux publics.

Sur la fin de ses jours, il associa à la couronne son fils Ousirtasen Ier, dont un aventurier du temps, Sinouhit, a tracé le portrait suivant : « C'est un dieu sans pareil, supérieur à tous ses aînés ; c'est un conseiller prudent, bienfaisant ; il soumet les contrées étrangères, et, pendant que son père demeure en son palais, lui, il annonce ses victoires. C'est un brave qui agit par l'épée, un vaillant sans égal ; à la vue des barbares, il se précipite et fond sur les pillards... C'est un ami merveilleux, qui a su s'emparer de l'affection du roi. Son pays l'aime plus que soi-même et se réjouit en lui plus qu'en un dieu : hommes et femmes accourent lui rendre hommage ». Sans prendre à la lettre ces lignes apologétiques, on doit reconnaître que les rois de la XIIe dynastie furent infiniment plus sages et plus avisés que leurs prédécesseurs. Ils ont une politique, et ils en poursuivent le développement avec activité.

C'est à eux que l'on doit le lac Mœris et le Labyrinthe. Le lac Mœris était destiné à recevoir le surplus des eaux du Nil, si l'inondation était trop forte, et de suppléer au manque d'eau, en cas de sécheresse, pour l'irrigation des terres situées dans le voisinage du lac. Où se trouvait ce vaste bassin? Lucas, au dix-huitième siècle, le plaçait entre Beni-Souef et Minieh et en faisait une sorte de long canal. En 1800, Jomard l'identifia avec le lac Birket-el-Queroun agrandi, et, en 1840, Linant pacha émit cette opinion, adoptée depuis par Lepsius et Bunsen, qu'on devait reconnaître l'ancien lac dans une partie orientale du plateau supérieur du Fayoum. La théorie de Jomard est la plus vraisemblable. Il paraît qu'au milieu du lac s'élevaient deux pyramides, couronnées par les statues colossales d'Amenemhat et de sa femme.

Tout près, à l'ouest, se voyait le Labyrinthe, sur un petit plateau qui fait face à l'ancien site de Crocodilopolis. « C'était un vaste massif quadrangulaire, d'environ 200 mètres de long sur 170 de large. La façade qui donnait sur le Mœris était tout entière d'un calcaire si blanc, que les anciens le prenaient pour du marbre de Paros. Le reste de l'édifice était en granit. Une fois dans l'enceinte, on se trouvait bientôt comme perdu au milieu d'un dédale de petites chambres obscures, toutes carrées, toutes recouvertes d'un seul bloc de pierre en guise de toit et reliées les unes aux autres par des couloirs si habilement enchevêtrés qu'un étranger sans guide ne pouvait en sortir. Il y en avait, dit-on, trois mille, dont moitié sous terre. Les murs et les plafonds étaient couverts de

Fig. 5. — Ruines du Labyrinthe.

légendes et de figures sculptées en bas-relief dans le creux. On enfermait là les emblèmes des divinités ou les statues des rois défunts, et sans doute aussi les objets précieux, les vêtements divins, les sistres, les colliers, les parures emblématiques, en un mot tout le matériel du culte qu'une obscurité perpétuelle pouvait seule préserver des insectes, des mouches, de la poussière et du soleil. Au centre du massif, on voyait douze grandes salles hypostyles, affrontées deux à deux, et dont les portes s'ouvraient six au midi, six au nord. A l'angle nord du carré, Amenemhat III avait fait dresser son tombeau, une pyramide en briques crues, revêtues de pierre sculptée. C'est là qu'après un règne de plus de quarante ans, il fut enseveli au milieu de ses créations. » (MASPERO.)

Nous avons dit que l'Égypte était originairement divisée en petits États qui, à mesure qu'ils perdirent leurs autonomie, formèrent autant de circonscriptions administratives du pays de Kîmit, comme on appelait le patrimoine des pharaons. Ces circonscriptions, désignées par les Grecs sous le nom de *nomes,* se divisaient respectivement en plusieurs parties qui sont, d'après les textes géographiques du temple d'Edfou, au nombre de quatre principales :

1° La capitale du nome, siège de l'administration civile, militaire et religieuse ;

2° Les terres fertilisées par l'inondation annuelle ;

3° Les terres marécageuses, utilisées pour le pacage, l'élève des oiseaux aquatiques, la culture du papyrus et du lotus ;

4° Les canaux dérivés du Nil.

Tantôt le nome était administré par un prince héréditaire, tantôt il avait à sa tête un simple fonctionnaire nommé par le roi. Le nombre des nomes héréditaires alla toujours en diminuant. Sous la XI⁰ dynastie, les princes autonomes étaient devenus de simples vassaux, et ce n'est pas un des faits les moins curieux de l'histoire que cette découverte d'un régime féodal sur les bords du Nil, sept ou huit siècles avant l'établissement de la féodalité en Europe. Dès le temps d'Amenemhat Ier, les seigneurs égyptiens avaient dû accepter cette sorte de domesticité brillante, que le gouvernement de Louis XIV imposa à l'aristocratie française; ils se contentaient d'occuper les plus hautes fonctions du royaume; ils devaient au pharaon l'impôt et le service, à leurs sujets bonne et prompte justice. Sans doute, ils commandaient en maîtres dans leur nome, mais au nom du roi.

Dans les villes, les artisans et marchands jouissaient d'une condition relativement supportable; dans les campagnes, la population était misérable, sans cesse à la merci du bon vouloir des gouverneurs, qui les réquisitionnaient à tout propos. C'est à coups de bâton que les surveillants se faisaient obéir des troupeaux humains, auxquels ils distribuaient chaque jour une insuffisante ration de vivres. « J'ai vu le forgeron à ses travaux, dit un scribe contemporain. Ses doigts sont rugueux, comme s'ils étaient en peau de crocodile; il sent plus mauvais qu'un œuf de poisson... Le barbier rase jusqu'à la nuit : lorsqu'il prend ses repas, alors seulement il peut poser ses coudes et se reposer; il va de maison en maison pour chercher les pratiques; il se rompt les bras pour emplir son ventre, comme l'abeille mange le fruit de son labeur... De même, le maçon. La maladie le recherche, car il est exposé aux intempéries, il construit avec peine, attaché aux chapiteaux lotiformes des habitations. Ses deux bras s'usent au travail, sa mise est désordonnée ; il se ronge lui-même, ses doigts lui servent

Fig. 6. — Figures des nomes de l'Égypte.

de pain; il ne se lave qu'une fois par jour. Quand il a gagné son pain, il rentre à la maison, et bat ses enfants. » Il ne venait pas à l'idée de ces malheureux de revendiquer une amélioration de leur sort. Ainsi que nous le verrons plus loin, le roi n'était pas seulement le maître absolu de ses sujets, mais le sang des dieux coulait dans ses veines : lui désobéir, c'était offenser les puissances célestes, et l'on voit rarement la plèbe égyptienne oser demander à ses chefs quelques têtes d'aulx supplémentaires.

Jusque-là, l'Égypte, séparée des peuplades asiatiques par la mer et par le désert, n'avait point eu à craindre de leur part quelque invasion redoutable. Parfois, les nomades du désert s'étaient montrés du côté de l'isthme, mais les armées des pharaons n'avaient eu qu'à se faire voir pour les chasser. Il en fut autrement lorsque les Sémites établis en Syrie envahirent la vallée du Nil (vers 2300 av. J.-C.). La XIVe dynastie, qui régnait à Xoïs, au centre du Delta, était aussi débonnaire et impuissante que la XIIe avait été ferme et autoritaire. Les princes des nomes en avaient profité, sinon pour secouer le joug, du moins pour reprendre sur le pouvoir central une partie de leurs anciens privilèges.

Le pays était donc déchiré par les guerres civiles, quand les Sémites y firent irruption, pillant, ruinant, incendiant tout, triomphant sans peine de la population terrorisée, qui donna le nom de *Hiq-Shous* (Hyksos) ou *rois des pillards* aux monarques que les envahisseurs proclamèrent aux lieu et place des vieux pharaons. Il se produisit alors un phénomène dont l'histoire a enregistré plus d'un exemple : les vainqueurs, supérieurs aux vaincus par la force, inférieurs par la civilisation, subirent immédiatement leur influence et se laissèrent absorber par eux. De leur côté, les Égyptiens s'habituèrent à ces nouveaux maîtres, qui ne les privaient ni de leur religion ni de leurs coutumes nationales, et les dynasties sémitiques succédèrent tout naturellement aux dynasties thébaines. Déjà, des Asia-

Fig. 7. — Immigration sémite dans le nome de Mah.

tiques s'étaient établis dans le pays de Kimit. Ils accueillirent avec joie leurs congénères, et, sous les Hyksos, eurent lieu plusieurs immigrations pacifiques. Les livres sacrés des Hébreux nous ont conservé le souvenir de l'arrivée de tribus israélites dans le pays de Goschen, entre le désert et la branche sébennytique du Nil.

Les rois sémitiques de l'Égypte ne négligèrent rien, d'ailleurs, pour attirer dans leur patrie d'adoption les hommes de même race qu'ils avaient laissés errant avec leurs tentes à travers les plaines et les montagnes de Canaan. Ils choisirent souvent leurs conseillers parmi les Asiatiques, et l'épisode de Joseph, rapporté dans la Bible, montre assez le crédit dont jouissaient à la cour les enfants d'Israël.

Pendant la domination des Hyksos, les provinces du sud ne perdirent pas tout espoir de reconquérir un jour leur indépendance. Les rois sémites résidant à Tanis n'avaient pas songé à étendre leur administration directe au delà du Fayoum, et, plus au sud, ils n'exerçaient qu'une suzeneté nominale sur les chefs des nomes. Plus d'une fois, ils se soulevèrent, sans que le succès couronnât leurs efforts; mais, au bout de six siècles au moins de domination étrangère, les descendants des princes thébains réussirent à rendre l'Égypte complètement libre, des cataractes à la Méditerranée. Cette guerre nationale dura plus de cent cinquante ans : elle se termina par la défaite des rois sémites et par la victoire d'Ahmès Ier, fondateur de la XVIIIe dynastie. La lutte avait été sanglante, signalée par des alternatives de succès et de revers. Les Égyptiens, avançant peu à peu, gagnant le terrain pied à pied, refoulèrent les Hyksos et leurs sujets sémitiques (qu'ils appelaient *Pasteurs*) sous Memphis, qu'ils enlevèrent d'assaut. Retranchés dans le camp de Hâ-ouar, les Hyksos tinrent tête avec opiniâtreté aux efforts des princes thébains. A la fin, se sentant perdus, ils traitèrent avec Ahmès, qui leur laissa la vie sauve à condition qu'ils quitteraient l'Égypte. Ils prirent par le désert la route de Syrie, mais redoutant la puissance des Assyriens, alors dominateurs de l'Asie occidentale, ils s'arrêtèrent en Judée. Cependant le gros de la nation, établi dans le Delta oriental, aima mieux l'esclavage sur la riche terre d'Égypte que la liberté avec ses risques et périls. Ahmès épousa Nofritari, princesse éthiopienne, et, depuis, les pharaons élevèrent des prétentions à la souveraineté de l'Éthiopie.

Nous sommes maintenant arrivés à une époque où la chronologie n'est pas complètement impuissante, et il est permis d'affirmer que l'extinction de la domination sémitique en Égypte remonte à la fin du dix-huitième siècle avant J.-C. Cet événement marque la fin de la période désignée vulgairement sous le nom de *Moyen Empire* et qui part de la XIe dynastie.

Avec la XVIIIe, le *Nouvel Empire* commence, et une nouvelle Égypte va se révéler à nous. Les pharaons se sont tenus jusque-là à l'écart des nations asiatiques; ils n'ont pas eu l'idée de franchir l'isthme, de s'inquiéter des peuples qui s'agitaient en dehors de leurs frontières. Les Hyksos en émigrant leur ont montré le chemin de l'Asie, et ils vont devenir à leur tour conquérants, après plus de cinq siècles de conquête étrangère. La guerre de l'indépendance avait éveillé chez eux l'esprit militaire, et les XVIII°, XIX° et XX° dynasties reculèrent les limites de la domination égyptienne jusqu'aux bords du Tigre et de l'Euphrate au nord, jusqu'à la région du Nil bleu au sud; des incursions eurent lieu sur la côte d'Arabie, et Chypre devint une colonie des pharaons.

L'apogée de la puissance militaire de l'Égypte, c'est le règne de Thoutmos III,

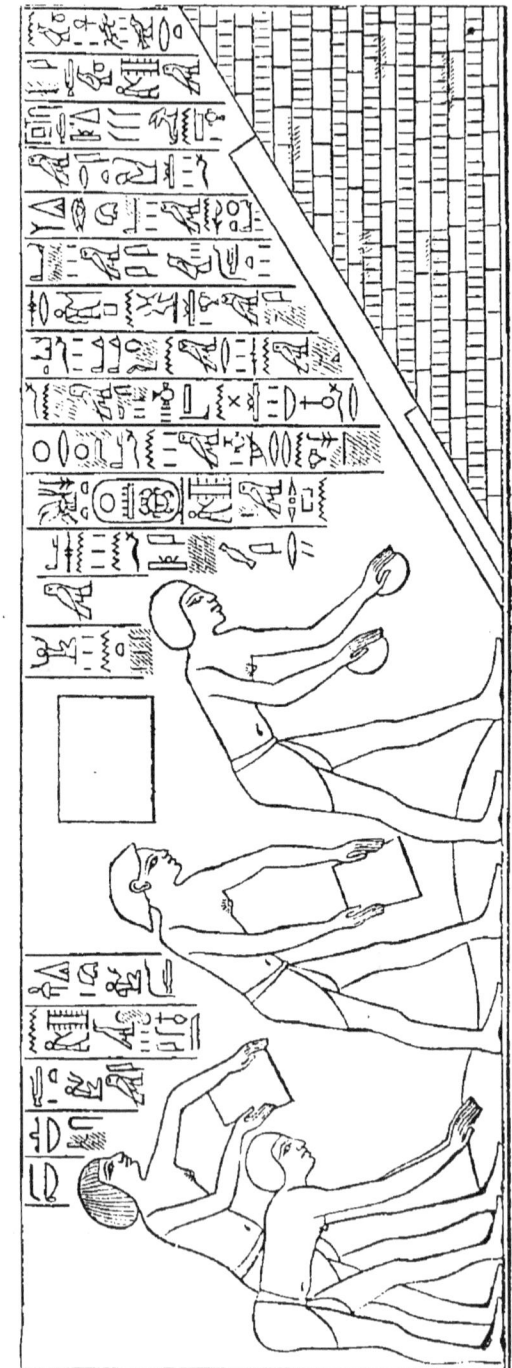

Fig. 8. — Prisonniers de guerre travaillant aux constructions de Thoutmos III.

vers 1600 avant J.-C. Ses prédécesseurs immédiats avaient conquis la Syrie jusqu'à l'Euphrate, mais à son avènement les vaincus s'étaient révoltés. Il marcha contre eux avec une armée nombreuse, les atteignit à Makta ou Megiddo, leur livra bataille, fit mordre la poussière à une centaine de ses ennemis, en prit 340 et 2,132 chevaux, avec 924 chars de guerre. Les rois Amenhotpou II et Amenhotpou III, qui vinrent ensuite, poussèrent jusqu'au Tigre. Séti Ier, troisième souverain de la dynastie, consolida les conquêtes de ses devanciers. Il ne put soumettre les Héthéens ; seulement, il conclut avec ce petit peuple, qui exerçait la suprématie en Asie Mineure, un traité général d'alliance offensive et défensive, et il réorganisa la Palestine, l'Aramée méridionale et la Phénicie. Au lieu de se borner, comme Thoutmos III, à exiger un tribut régulier des chefs indigènes, il imposa aux provinces des gouverneurs égyptiens et mit des garnisons permanentes dans les principales villes fortes. En revanche, il ne fit aucune tentative sérieuse pour reprendre les conquêtes de ce même Thoutmos dans la Méditerranée ni pour rétablir effectivement son pouvoir sur les îles. Du côté du sud, il lança quelques expéditions contre les nègres. Sur la frontière nord-est, il reforma la flotte de la mer Rouge et se fit reconnaître de nouveau par l'Arabie littorale.

Séti Ier avait eu pour collaborateur son fils Ramsès, deuxième du nom, plus connu sous le nom de Sésostris, célèbre entre tous les monarques de la vieille Égypte. Ramsès était depuis quatre ans sur le trône, lorsque les Héthéens formèrent contre lui une vaste confédération.

Fig. 9. — Ramsès II, d'après une statue du musée de Turin.

Il accourut. Pendant qu'il attendait à Schabtoun que ses ennemis vinssent à sa rencontre, deux Shasou (pillards, Bédouins) se présentèrent à lui, envoyés, disaient-ils, par leurs chefs pour rejoindre l'armée égyptienne, et l'assurant que les Héthéens effrayés s'étaient retirés dans la direction de Khilbou. Ces Shasou n'étaient que de vulgaires espions qui n'avaient d'autre but que faire tomber le pharaon dans un piège, car les Héthéens s'étaient mis en embuscade à quelque distance au nord-ouest de Qadesh. Ramsès s'avança sans défiance, simplement accompagné de sa garde; mais à ce moment les éclaireurs amenèrent deux hommes de l'armée ennemie qu'ils venaient de saisir. Obligés de parler sous le bâton, ils avouèrent que, loin de s'enfuir, les Héthéens attendaient, pleins de confiance, le choc de l'armée égyptienne. Ramsès envoya en toute hâte courir après son armée. Malheureusement, les Héthéens sortirent de leur embuscade pour enlever le pharaon, coupé de sa retraite. Le poème du scribe Pentaour raconte ainsi la noble contenance du roi :

« Il saisit ses armes et revêtit sa cuirasse, semblable à Baal dans l'heure de sa puissance. Lançant son char, il pénétra au milieu des rangs des Héthéens pervers. Il était seul de sa personne, aucun autre avec lui. Il se trouva enveloppé par 2,500 chars, coupé dans sa retraite par tous les guerriers du pervers Héthéen et des peuples nombreux qui l'accompagnaient. — « Aucun prince, s'écrie Ramsès, n'est avec moi, aucun général, aucun officier des archers ou des chars! Mes soldats m'ont abandonné, mes cavaliers ont fui; pas un n'est resté pour combattre auprès de moi!

Qui es-tu donc, ô mon père Ammon? Est-ce qu'un père oublie son fils? Ai-je donc fait quelque chose sans toi? N'ai-je pas marché et ne me suis-je pas arrêté sur ta parole? Je t'invoque, ô mon père Ammon! Me voici au milieu de peuples nombreux et inconnus de moi; toutes les nations se sont réunies contre moi, et je suis seul de ma personne, aucun autre avec moi. Mais je sais qu'Ammon vaut mieux pour moi qu'un million de soldats, que cent mille cavaliers, que dix mille frères ou fils, fussent-ils tous réunis ensemble. — J'accours vers toi (répond Ammon, à l'instar des dieux d'Homère), je suis avec toi. C'est moi, ton père; ma main est avec toi, et je vaux mieux pour toi que des centaines de mille hommes. »

Alors Ramsès lance son char au milieu des Héthéens, qui demeurent stupides. « Ce n'est pas un homme, disent-ils, qui passe à travers nos rangs, c'est Soutkhou, le grand (dieu) guerrier, c'est Baal en personne. Ce ne sont pas des actes humains qu'il accomplit, car seul, tout seul, il repousse des centaines de mille (hommes) sans officiers, sans soldats. » Vers le soir, l'armée de Ramsès le rejoignit enfin et le dégagea. Les Héthéens furent vaincus; mais ce ne fut qu'une trêve, car la paix définitive ne survint qu'après quatorze ans de luttes. A ce moment, le pharaon épousa la fille du roi Khétasira; le monarque héthéen et les Égyptiens demeurèrent paisibles possesseurs de la Syrie méridionale pendant toute la durée du règne.

Sous la domination de Ramsès, l'Égypte ne fut pas très heureuse. Paysans et officiers se plaignaient, les premiers

Fig. 10. — Scène de bataille, au Ramesseum.

de leurs misères, les seconds de leurs tribulations, et seuls les gens de bureau se réjouissaient de leur sort. La monarchie se transformait peu à peu en un État essentiellement bureaucratique, et un document du temps fait ressortir en ces termes les avantages de la profession de scribe :

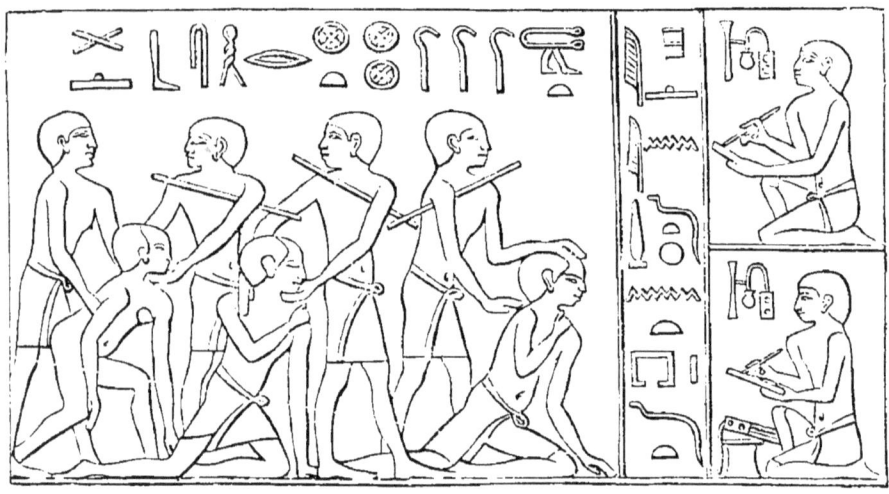

Fig. 11. — Les maires amenés devant les scribes pour le règlement de l'impôt

« Celui qui se fait scribe est délivré de toute tâche servile, est protégé contre toutes les corvées, n'a plus à manier ni la charrue ni la houlette. Ne portes-tu pas la palette? C'est là ce qui établit la différence entre toi et celui qui manie la rame. Tu es à l'abri des misères ; point de maîtres violents au-dessus de toi, point de supérieurs nombreux. Sorti du sein de sa mère, l'homme se courbe devant son supérieur, le conscrit sert son capitaine, le cadet son commandant, le valet son cultivateur. Le soldat est fait pour son capitaine, le courrier pour le gardien des portes, le berger pour le boucher. Le chasseur passe son temps à courir, le pêcheur à se plonger dans l'eau. Le prophète a des rites à accomplir ; le prêtre, des cérémonies. Le chef d'atelier est à son travail, sa servante est à la peine, son valet est misérable. Le boulanger pétrit, met les pains au feu, enfonce sa tête dans le four : son fils le retient par les jambes, et si la main de son fils le lâche, il tombe là dans les flammes. Il n'y a que le scribe ; lui, il prime tout ce qui est sur cette terre. » Le scribe était, en effet, le véritable maître de la société égyptienne, le despotisme royal ayant ruiné l'aristocratie militaire et le pouvoir ayant passé de l'épée à la plume sans profit pour les autres classes de la société. L'art était en pleine décadence à la fin du règne. « Les monuments de Ramsès II, dit M. Fr. Lenormant, nous font assister à une décadence radicale de la sculpture égyptienne, qui se précipite avec une incroyable rapidité à mesure qu'on avance dans ce long règne. Il débute par des œuvres dignes de toute admiration, qui sont le *nec plus ultra* de l'art égyptien, comme les colosses de Memphis et d'Ibsamboul ; mais bientôt l'oppression universelle, qui pèse sur toute la contrée comme un joug de fer, tarit la source de la grande inspiration des arts. La sève créatrice semble s'épuiser dans les entreprises gigantesques conçues par un orgueil sans bornes. Une nouvelle génération d'artistes ne vient pas remplacer celle qui s'était formée sous les souverains précédents. A la fin du règne, la décadence est complète, et dans les dernières années de Ramsès, ainsi que sous son fils, nous voyons apparaître des œuvres tout à fait barbares, des sculptures de la plus étrange grossièreté. »

En 1881, des fouilles faites à Deïr-el-Bahari amenèrent la découverte d'un caveau funéraire où, au milieu d'un entassement d'objets précieux, étaient les cercueils d'une quarantaine de pharaons des XVIIe, XVIIIe et XIXe dynasties. Cette trouvaille merveilleuse fut transportée au musée de Boulaq, et M. Maspero, à qui elle était due, se décida à dépouiller trois des momies. L'opération eut lieu le 1er juin 1886, en présence du Khédive, de Nubar-Pacha et de sir Henry Drummond Wolf. Lorsqu'on eut dégagé complètement la momie cataloguée sous le numéro 5223 de ses différentes couches de bandelettes et d'étoffes, on reconnut aux inscriptions qu'on était en présence de celle de Sésostris. Ce fut un moment solennel pour tous les assistants que cette sortie du tombeau après bientôt quarante siècles, que cette apparition imprévue qui nous rendait tangible la réalité historique, affaiblie et comme effacée par le lointain des âges. Malgré les altérations produites par le dessèchement des tissus, la momie debout, le buste émergeant des bandelettes, les mains posées sur la poitrine, la tête dressée et haute, le masque puissant et grave, tout cela formait un spectacle qui avait sa grandeur. « J'en suis encore à me demander, écrivait M. Maspero, si vraiment je ne rêve point quand je vois et je touche ce qui fut le corps de tant de personnages dont je ne croyais jamais devoir connaître que les noms. Pour beaucoup de personnes, les souverains de l'Égypte étaient comme des fantômes historiques cent fois plus légendaires que les héros d'Homère ou des épopées indiennes, et voilà que tout à coup les principaux d'entre eux apparaissent au fond d'un souterrain obscur où ils ont dormi pendant de longs siècles. »

Ramsès mort, la situation de l'Égypte devint précaire. Les Libyens, les Tyrrhéniens et les Achéens firent des incursions dans le pays de Kimit. Ménéphtah Ier, fils de Ramsès, les défit à Paarischeps (Prosopis); mais si les envahisseurs furent vaincus, quelques-uns obtinrent des terres dans le Delta, concession déplorable et dont les Romains, eux non plus, ne comprirent pas la portée lorsqu'ils admirent sur leurs frontières les Barbares qui devaient les écraser plus tard. C'est aussi sous ce règne que l'on doit placer l'exode biblique, c'est-à-dire la sortie d'Égypte des Israélites cantonnés dans la terre de Goschen.

Les invasions recommencèrent sous Ramsès III. Ce roi, le plus célèbre de la XXe dynastie, repoussa les Libyens à deux reprises, battit les Syriens et les peuples des îles voisines de l'Asie Mineure, conquit le pays de Pont (Somal), et l'on put croire que l'Égypte était revenue aux temps de Thoutmès III et de Ramsès II. Il n'en était rien : épuisé après ce dernier effort, le peuple égyptien n'allait plus pouvoir repousser les Asiatiques. — Dans le même temps, Thèbes commençait à perdre son influence, et, le centre de gravité du pays se déplaçant encore une fois, toute la vie politique de l'Égypte se concentrait dans les nomes maritimes. A la faveur des troubles religieux et civils, un homme de Tanis nommé Smendès se proclama roi, fut reconnu dans le Delta et dans la moyenne Égypte, et fonda une dynastie nouvelle, la XXIe, qui ouvre la période saïte, ainsi appelée parce que saïs et les villes

Fig. 12. — Ménéphtah.

de la basse Égypte ont la prépondérance au détriment des autres.

Après le démembrement de l'empire juif, le roi Sheshonk (Sésac de la Bible) fit une expédition heureuse en Judée; mais ses successeurs immédiats ne purent étendre leur domination au delà de l'isthme de Suez, tandis que, grâce

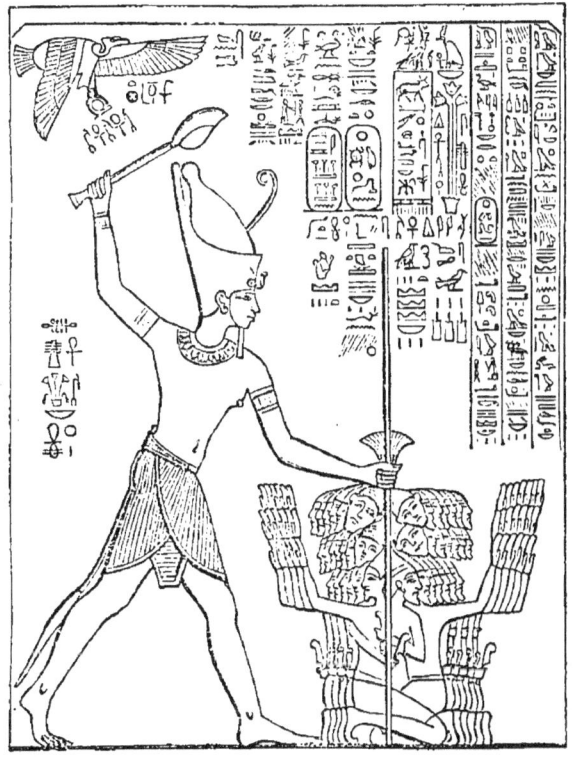

Fig. 13. — Sheshonk écrasant ses ennemis (salle des Bubastites, à Karnak).

au système des apanages, l'ancienne féodalité des chefs de nomes se rétablissait au profit des membres de la famille royale et que les prêtres d'Ammon faisaient de Napata, en Éthiopie, la capitale d'une sorte d'État sacerdotal. L'un de ces prêtres-rois, Piankhi-Méri-Amoun, réussit à soumettre

Tafnekht, qui régnait à Saïs; mais, à sa mort, un fils de Tafnekht, nommé Bokenranf (Bocchoris), chassa les Éthiopiens et rétablit l'unité du royaume. La tradition le représente comme un prince d'un esprit fin, d'une intelligence ouverte, d'un caractère droit, de goûts simples. Malheureusement pour l'Égypte, Schabaka (Sabacon), petit-fils de Piankhi-Méri-Amoun, s'empara de Bokenranf, le brûla vif, prit le cartouche des anciens pharaons, et fonda la XXVe dynastie.

Ce Schabaka eut le tort d'intervenir en Syrie contre les Assyriens : battu par Saryoukin (Sargon), le grand conquérant ninivite, il dut son salut à un berger philistin, qui le conduisit à travers le désert (718 avant J.-C.), et à son retour, une partie du Delta s'insurgea contre sa domination. Le roi d'Assyrie Sin-aché-irib, successeur de Saryoukin, prétendit envahir l'Égypte : il essuya une défaite complète; mais le roi d'Égypte Taharqa commit la même imprudence que Schabaka en intervenant en Syrie. Assourahiddin (Essar-haddon) le vainquit, envahit l'Égypte, prit Memphis, établit un gouverneur général et des commandants militaires, et donna à vingt chefs locaux une investiture en vertu de laquelle ils furent responsables de la conduite du peuple. A deux reprises, Taharqa enleva aux Assyriens son ancien royaume : ces retours offensifs ne produisirent rien de durable, et Assour-bani-abal reconquit l'Égypte, où il réinstalla les vingts petits rois vassaux. Vainement le beau-fils de Taharqa, Routh-Amon, se fit reconnaître roi au préjudice des Ninivites. Assour-bani-abal accourut, mit Thèbes à sac, réduisit la population thébaine en esclavage et les princes éthiopiens à l'impuissance. Alors une anarchie complète régna en Égypte pendant deux ans, au bout desquels douze des principaux chefs,

Fig. 14. — Tête de l'Éthiopien Taharqa.

réunis à Memphis, levèrent l'étendard de l'indépendance et se proclamèrent rois. On ne sait comment les Assyriens furent si brusquement expulsés de l'Égypte.

Le chef le plus important de la confédération des douze (*dodécarchie*) fut le roi de Saïs, Psamétik, descendant de

Tafnekht, qui leva une armée de mercenaires, vainquit à Momemphis les rois de la basse Égypte, épousa une descendante des rois éthiopiens pour légitimer son pouvoir, et fonda la XXVI° dynastie (656 avant J.-C.). « Pendant un règne de trente-neuf ans, dit M. Van den Berg, Psamétik Ier releva l'Égypte de ses ruines. Les routes et les canaux furent réparés. L'industrie reprit son ancienne activité. Les monuments furent restaurés, et on en construisit de nouveaux à Memphis, à Thèbes, à Saïs. Les célèbres mines de granit rose et de basalte de Syène furent exploitées comme jadis, et on en tira d'admirables colonnes. Les arts retrouvèrent leur éclat d'autrefois et les statues de ce temps se distinguent par leur finesse et leur élégance. Les œuvres littéraires se propagèrent à l'aide d'une écriture plus rapide que les hiéroglyphes et qu'on appelle écriture démotique ou populaire. Le roi se préoccupa de garantir la sécurité de l'Égypte au lieu de faire d'inutiles ou dangereuses conquêtes. Il établit une forte garnison à Éléphantine, près de la frontière sud, pour surveiller les Éthiopiens, et deux camps retranchés : à Péluse, à l'est du Delta, en face de la frontière d'Asie, et à Maréa, à l'ouest, pour empêcher les incursions des Libyens. On ne cite de lui d'autre entreprise au dehors que le siège d'Azoth, place forte du pays des Philistins, dont il se serait emparé au bout de vingt-neuf ans ou peut-être dans la vingt-neuvième année de son règne. » C'est de son temps que les marchands étrangers, et surtout les marchands grecs, commencèrent à s'établir en Égypte.

On attribue à Néko II, fils de Psamétik (617-601),

les premiers travaux qui furent faits pour établir le canal de communication entre la Méditerranée et la mer Rouge, et Hérodote raconte qu'il équipa une flotte phénicienne pour lui faire entreprendre la circumnavigation de l'Afrique. Néko II fut, en résumé, un monarque actif et intelligent, mais il eut le tort de vouloir reconquérir la Syrie. Battu à Karkémish, il dut faire la paix avec Nabu-kudurussur (Nabuchodonosor), et ce ne fut que plus tard, sous Ouhabra (Apriès, 595-570), que les rois saïtes purent encore une fois s'emparer de la Phénicie. Cet Ouhabra, enivré de ses triomphes, conduisit ses troupes en Cyrénaïque : il y fut renversé par ses propres soldats, qui proclamèrent à sa place un général du nom d'Amasis.

Celui-ci se concilia les sympathies de ses sujets, ou du moins celles du peuple, en proscrivant l'étiquette rigoureuse des anciens pharaons. Redoutant la puissance des Perses, il entra dans une coalition contre Cyrus, mais il ne tarda pas à comprendre qu'il était préférable pour l'Égypte d'entretenir avec le monarque asiatique des rapports d'amitié. Il mourut en 526, après quarante-quatre ans de règne, au moment où Cambyse envahissait l'Égypte, et la réduisait en satrapie (525).

Dès lors, et malgré des tentatives réitérées de rébellion, c'en fut fait de la domination égyptienne dans l'ancien monde. Après les Perses, les Macédoniens ; après les Ptolémées, les Romains : le sceptre des Ramsès, quarante fois séculaire, devait tomber aux mains d'un simple fonctionnaire de Rome !

Telle est, en résumé, l'histoire de ce peuple égyptien,

dont nous allons étudier maintenant la religion, le gouvernement, l'état social, les mœurs, la culture littéraire, les connaissances scientifiques et les beaux-arts.

Cette étude est pour nous aussi instructive que possible, car l'Égypte nous apparaît la première dans les annales de la civilisation. « Elle existait déjà comme nation policée, ayant conscience d'elle-même, dit Élisée Reclus, alors que Babel et Ninive n'étaient pas encore fondées et que l'Europe entière était toujours dans la sauvagerie sans histoire. Les habitants de l'Asie Mineure et de l'Hellade, qui devaient être les éducateurs et les charmeurs des nations venues après eux, étaient des troglodytes et des hommes des bois, s'armant contre les bêtes féroces de massues et de silex aiguisés, à l'époque où leurs contemporains d'Égypte possédaient déjà leur trésor d'observations astronomiques, la connaissance des nombres et de la géométrie, une architecture savante, tous les arts et presque tous les métiers qui se pratiquent de nos jours, tous les jeux qui charment notre enfance ou nous reposent des travaux de l'âge mur. C'est dans les papyrus, sur les bas-reliefs des monuments de la haute Égypte, que nous retrouvons les origines de nos sciences, et maint précepte de morale que répète encore la sagesse des nations, maint dogme que proclament toujours les religions existantes, se lisent sous leur première forme dans les documents que nous ont livrés les tombeaux de Thèbes et d'Abydos.

« De l'Égypte nous vient l'écriture, modifiée depuis les Phéniciens et communiquée par eux à tous les peuples de la Méditerranée : le moule même de notre pensée a pris son origine aux bords du Nil. Sans doute l'humanité ignore ses premiers âges, et nul ne peut affirmer que la civilisation naquit en Égypte; mais nous ne pouvons la suivre dans les âges antérieurs aux annales égyptiennes : les pyramides sont pour nous la borne des temps ».

CHAPITRE II.

LA RELIGION ET LE CULTE.

Quand on examine les reproductions de monuments égyptiens, on est frappé de l'abondance des tableaux mystiques, du grand nombre des scènes de sacrifice et d'adoration. On devine dès l'abord que le peuple qui a construit ces monuments est foncièrement dévot, et il est en effet certain que l'Égypte ancienne n'avait d'autre préoccupation réellement profonde que celle de plaire à la divinité.

Les Égyptiens étaient-ils polythéistes ou monothéistes? Il semble qu'une telle question soit aussi facile à résoudre qu'à poser, et pourtant il n'en est rien. Sans entrer dans les digressions auxquelles elle a donné lieu, nous résumerons les résultats de la science en disant que les prêtres égyptiens eurent un sentiment assez précis de l'unité de cause, mais que la masse de la nation fut constamment ploythéiste, considérant comme des dieux distincts ce qui n'était pour la spéculation théologique que les manifestations d'une seule et même force supérieure.

Les dieux égyptiens se mariaient, comme de simples mortels, et avaient comme eux des enfants, de telle sorte que chaque couple, après avoir procréé, formait une trinité autour de laquelle se groupaient des dieux secondaires.

Toute trinité conservait le caractère de la divinité qui l'avait constituée, la déesse tenant le premier rôle si elle avait pris mari, le dieu demeurant le personnage principal s'il avait pris femme. « Par un procédé tout naturel, on en arriva à considérer que le fils, procédant du père et de la mère, était identique à ses deux parents et que par suite le père, la mère, l'enfant, au lieu d'être trois divinités distinctes, pouvaient bien n'être que trois formes d'une même divinité. Chaque nome posséda un dieu en trois personnes, dont les monuments les plus anciens constatent l'existence et qu'ils appellent le *dieu*, le *dieu un*, le *dieu unique*. Mais ce dieu un n'était jamais dieu tout court. Le dieu des Égyptiens est le dieu unique Ammon, le dieu unique Phtah, le dieu unique Osiris, c'est-à-dire un être déterminé ayant une personnalité, un nom, des attributs, un costume, des membres, une famille, un homme infiniment plus parfait que les hommes. Il est à l'image des rois de cette terre, et sa puissance, comme celle de tous les rois, est bornée par la puissance des rois voisins. »

Fig. 15. — Ammon.

Il y avait trois catégories de dieux : les dieux des morts, les dieux des éléments et les dieux solaires. *Sokhari, Osiris, Isis, Anubis,* étaient plus particulièrement voués à la protection des morts. *Sib* (la terre), *Nout* (le ciel),

Nou (l'eau primordiale), *Hâpi* (le Nil), *Phtah,* etc., formaient la seconde catégorie, et *Râ* (le soleil) tenait le premier rang dans la troisième. A l'origine, chaque nome

Fig. 16. — Isis.

avait ses dieux. Lorsque la ville dont un dieu était originaire prenait le rang de capitale, on voyait son importance s'accroître, ce dieu devenant en quelque sorte national et s'imposant à l'adoration de toute l'Égypte. A côté des dieux-hommes, les monuments nous font connaître les dieux-bêtes, car les Égyptiens adorèrent les animaux, d'abord en tant qu'animaux redoutables ou utiles, ensuite comme incarnation de la divinité : le bœuf *Mnévis* incarnait *Râ*, le phénix (plus prosaïquement, le vanneau) *Bonou* incarnait *Osiris*. Le bœuf *Hapi* était le type de

Fig. 17. — Le bennou. D'après un papyrus funéraire.

l'incarnation divine sous forme humaine ; procédant à la fois de Phtah et d'Osiris, il devait être noir, avoir au front une tache blanche en forme de triangle, porter sur le dos la figure d'un vautour, et sur la langue l'empreinte d'un scarabée. « La durée de sa vie, dit M. Maspero, ne devait pas excéder un certain nombre d'années fixé par les lois religieuses : passé vingt-cinq ans, les prêtres le noyaient dans une fontaine consacrée au Soleil. Cette règle, en vigneur à l'époque romaine, n'existait pas encore ou n'était pas rigoureusement appliquée dans les temps pharaoniques, car deux Hapi, contemporains de la XXᵉ dynastie, vécurent plus de vingt-six ans. L'Hapi défunt devenait un Osiris et prenait le nom d'*Osor-Hapi*, d'où les Grecs ont tiré le nom de leur dieu *Sérapis*. Au commencement, chaque animal sacré avait sa tombe isolée dans cette partie de la

Fig. 18. — Le bœuf Hapi.

nécropole memphite que les Grecs appelaient le Sérapéion. Elle se composait d'un édicule orné de bas-reliefs, sous lequel on pratiquait une chambre carrée à plafond plat. Vers le milieu du règne de Ramsès II, on substitua un cimetière commun au tombeau isolé. On creusa dans la roche vive une longue galerie d'une centaine de mètres de long, sur chaque côté de laquelle quatorze chambres assez grossières furent successivement percées ; plus tard, le nombre des galeries et des chambres s'accrut à mesure que le besoin s'en faisait sentir. La momie d'Hapi une fois mise en place, les ouvriers muraient l'entrée de la chambre, mais les visiteurs ou les dévots avaient l'habitude de déposer soit dans le mur même qui barrait l'accès du caveau, soit dans les parties voisines du rocher, une stèle contenant

Fig. 19. — Tombes d'Hapi.

leur nom et une prière à Hapi mort. Ce culte, établi d'une manière définitive par le second roi de la deuxième dynastie, dura jusqu'aux derniers jours de l'Égypte. Mais alors, après la dispersion des prêtres, les tombes furent violées, puis abandonnées, et le désert s'en empara : au bout de quelques années, le sable les avait recouvertes. Il était réservé au savant Mariette de les retrouver en 1851, après

Fig. 20. — Ibis.

quatorze siècles et plus d'un oubli complet. »

Nous donnerons ici, d'après le docteur E. Isambert, une liste assez complète des animaux sacrés de l'ancienne Égypte, en y joignant entre parenthèse les noms des villes où l'on rencontre ordinairement les momies de chaque espèce :

Singe cynocéphale, consacré à Thoth (Thèbes et Hermopolis);

Singe vert ou *cercopithèque*, consacré à Râ (Thèbes);

Musaraigne, consacrée à la déesse Bast (Thèbes);

Hérisson, consacré à Râ;

Chien-renard, consacré à Anubis (Thèbes, El-Haréib);

Grand et petit *chacal*, consacrés à Anubis (Syout);

Ichneumon, consacré à Bast.

Chat, consacré aux déesses Sacht et Bast (Thèbes, Béni-Hassan);

Lion, consacré à Râ, Shou, et aux déesses Sacht et Tefnout;

Oryctérope, consacré à Set;

Hippopotame, consacré à Set;

Algazelle, consacrée à Set;

Bélier, consacré à Ammon (Thèbes);

Vache, consacrée à Hathor (Thèbes);

Taureau, consacré à Hapi (Memphis);

Bouc, consacré à Mnévis (Héliopolis);

Vautour, consacré aux déesses mères (Thèbes);

Épervier, consacré à Râ, à Horus, et en général à tous les dieux solaires (Thèbes);

Hirondelle, Hibou à cornes (Thèbes);

Ibis, consacré à Thoth (Thèbes, Memphis, Hermopolis, Abydos);

Vanneau, consacré à Osiris;

Oie du Nil, consacrée à Seb (Thèbes);

Crocodile, consacré à Sebek (Thèbes, Maabdèh);

Grenouille, consacrée à Sacht (Thèbes);

Oxyrhynque, consacré à Tefnout (Thèbes);

Scarabée, consacré à Khoper, le démiurge (Thèbes).

Le culte reçut en Égypte un grand déploiement de cérémonies. Nulle part on ne construisit plus de temples, plus solides, plus grandioses et mieux décorés. « La religion, dit Émile Burnouf, envahit tout, par ses fêtes solaires

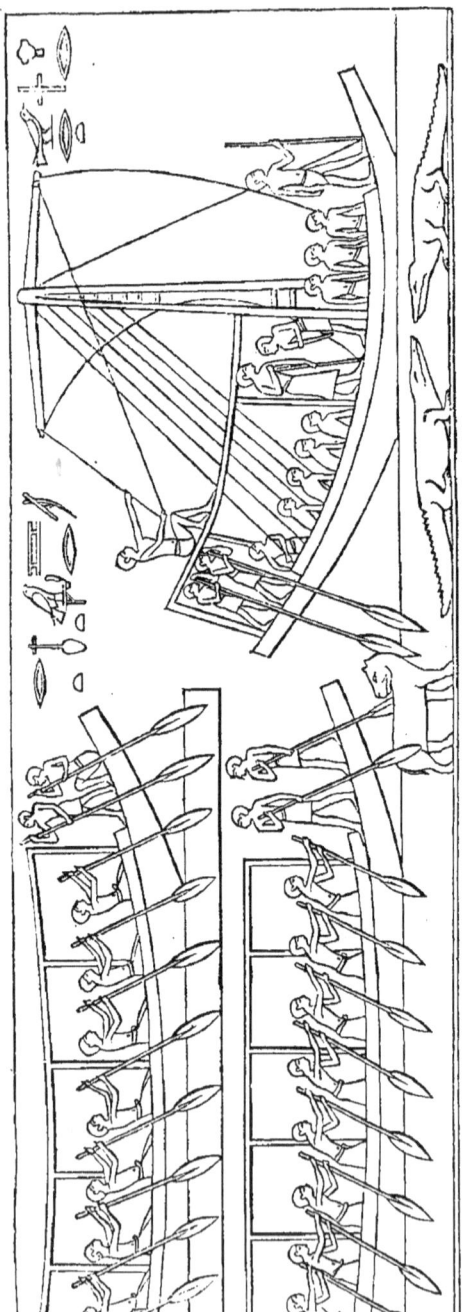

Fig. 24. — Crocodiles et hippopotame dans le Nil.

et lunaires, royales, agricoles, funèbres. Les tombeaux, les boîtes à momies, les maisons privées, les objets usuels s'ornèrent des figures des dieux. Chacune d'elles y eut sa place déterminée, son rôle invariable. Ce fut un symbolisme universel appliqué à la vie de l'homme sur la terre et à son existence imaginaire dans un autre monde. Tout homme fut appelé, suivant sa conduite ici-bas, à partager après sa mort la vie des dieux et à devenir un Osiris. »

Pour les Égyptiens, le corps est composé de deux parties bien distinctes : le corps et le double.

Le *double,* c'est une sorte de projection aérienne de l'individu, une ombre du corps le reproduisant fidèlement et trait pour trait. Lorsque la spéculation théologique eut fait des progrès, les prêtres admirent, outre le double, une *âme* ou *baï,* qui servait d'enveloppe à une parcelle de la flamme divine. Après la mort, l'âme et son étincelle s'envolaient vers l'*Ament,* l'enfer égyptien, la région des ténèbres. Le *double,* au contraire, ne périssait pas, ne quittait pas la terre.

Herbert Spencer a cru trouver l'origine de cette conception du *double* dans les phénomènes du sommeil, du rêve et de l'évanouissement. Dans ses *Principes de Sociologie,* il montre comment, par le fait de ces suspensions de la vie consciente, l'homme a été amené à croire que la mort n'était, elle aussi, qu'une suspension de l'existence. Le philosophe anglais estime encore que le phénomène de l'ombre projetée par le corps a aussi contribué à faire naître et à accréditer cette conception. Quoi qu'il en soit, peu de croyances religieuses sont plus intéressantes à étudier, et nous emprunterons à M. Perrot les détails qui vont suivre :

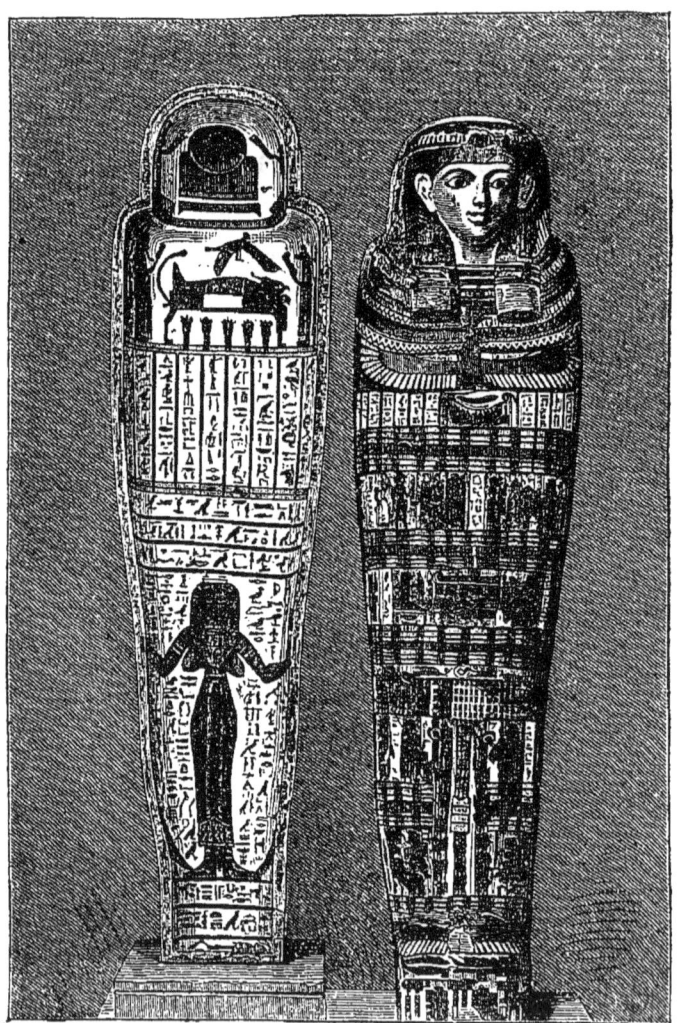

Fig. 22. — Caisse de momie.

ils sont extraits du premier volume de sa magistrale *Histoire de l'art dans l'antiquité*, où, s'occupant de l'architecture funéraire des Égyptiens, il est naturellement amené à exposer leurs idées sur l'autre monde :

« Ce *double,* il fallait le loger et l'installer dans une maison appropriée à sa nouvelle existence, l'entourer des objets jadis affectés à son usage, et surtout le nourrir des aliments qui avaient la vertu d'entretenir sa vie. Voilà ce qu'il attendait de la piété des siens ; voilà ce qu'il en recevrait à jours fixes, au seuil de la *bonne demeure* ou de la *demeure éternelle,* comme disaient les Égyptiens ; ce seraient ces offrandes qui seules sauraient ranimer et prolonger l'existence de ce fantôme toujours altéré, toujours affamé, toujours menacé de voir s'éteindre, par la négligence de sa postérité, cette vie dépendante, précaire et languissante. Le premier devoir des vivants, c'était donc de ne pas laisser les morts souffrir de la faim et de la soif ; enfermés dans la tombe, ceux-ci ne pouvaient pourvoir eux-mêmes à leurs besoins ; c'était aux fils de ne pas oublier les pères et les ancêtres, mais de les nourrir par le pain et la viande, de les désaltérer par la libation. Que si l'on manquait à cette obligation sacrée, les morts s'irriteraient contre les vivants. L'existence mystérieuse dans laquelle les morts étaient entrés avait fait d'eux des puissances redoutables et comme autant de dieux ; leur colère ne manquerait pas d'atteindre les ingrats qui les auraient ainsi abandonnés et outragés.

« Cette conception n'est pas particulière à l'Égypte. Au *double* des inscriptions funéraires de l'Égypte répond trait pour trait *l'image* (εἴδωλον) des poètes grecs, *l'ombre* des Latins. Grecs et Latins croyaient également que les rites

Fig. 23. — Vassaux apportant les produits des biens de leur maître en offrande funéraire.

de la sépulture, dûment accomplis, mettaient cette image ou cette ombre, comme on voudra l'appeler, en possession d'une demeure où elle commençait une vie souterraine qui n'était que la continuation de la vie mortelle. Le mort restait ainsi tout près des vivants ; il était en étroite relation avec eux par les offrandes nourricières qu'il en recevait et par la protection qu'il leur accordait en retour ; dans le repas funéraire il prenait sa part, au sens propre du mort, de l'aliment et du breuvage. Ce secours, toujours impatiemment désiré, réveillait chez lui, pour un instant, le sentiment et la pensée ; il lui rendait quelque chose des impressions et des jouissances de la véritable vie, de la vie d'en haut, de celle qui se passait à la lumière du jour. Faisait-on trop attendre les morts dans leur tombe, ils s'irritaient et se vengeaient de leurs souffrances ; malheur à la famille ou à la cité qui ne savait pas intéresser ses morts à sa durée et les associer ainsi à ses prospérités !

« Ces croyances paraissent donc avoir été communes à tous les peuples anciens pendant cette première période de leur existence, dont les commencements se dérobent dans la nuit des temps antérieurs à l'histoire ; par l'empire qu'elles ont exercé sur les âmes, ce sont elles qui, de l'Inde à l'Italie, ont coulé dans le même moule et marqué d'une même empreinte toutes les institutions primitives du droit public et privé.

« Avec les siècles, le développement de la pensée religieuse suggéra des croyances plus hautes et plus relevées ; les progrès de l'esprit scientifique tendirent à rendre de plus en plus étrange et inadmissible l'idée de cet être qui n'est ni mort ni vivant, de cette ombre impalpable et toujours près de s'évanouir que défendent mal contre l'anéantissement des aliments qui risquent toujours de lui manquer. L'expérience se prolongeait; ses résultats s'accumulaient, il devenait de plus en plus évident que la mort, non contente d'arrêter le jeu des organes, en a bientôt dissous et décomposé dans la tombe tous les éléments; on devait, à mesure que le temps s'écoulait, avoir plus de peine à comprendre la nature de ce simulacre placé en dehors des conditions normales de la vie, de ce je ne sais quoi qui n'était pas un pur esprit et que ne supprimait pourtant pas la destruction des organes.

« Il semble donc, au premier abord, que l'observation et la logique auraient dû conduire, de bonne heure, à l'abandon d'une théorie qui nous paraît aujourd'hui si puérile; mais, maintenant même, combien il est restreint le nombre des esprits qui ont le goût et le besoin des idées claires! Dans un temps où le perfectionnement des méthodes et la diffusion de la culture intellectuelle paraissent accréditer davantage, de jour en jour, les notions positives, ce sont encore des idées obscures et des mots mal définis qui remuent l'âme de la plupart des hommes et qui s'imposent à eux comme le mobile de leurs actions; combien plus grande encore et plus étendue devait être, dans l'antiquité, la puissance de ces idées confuses et de ces images sans réalité, alors qu'une rare élite, encore mal pourvue d'instruments de recherche et d'analyse, s'essayait, avec une généreuse hardiesse, à penser clairement et librement!

« Ce qui ajoutait encore au prestige de cette illusion et ce qui contribuait à la perpétuer, c'est qu'elle était favorisée par plusieurs des sentiments qui font le plus honneur à la nature humaine. Ce culte des morts nous étonne ; il est tout près de nous scandaliser par son matérialisme naïf ; mais cherchez-en le sens et l'inspiration première : vous y trouverez le souvenir et le regret des affections perdues et des tendresses brisées par la séparation suprême ; vous y trouverez la reconnaissance des enfants pour les parents qui les ont engendrés et nourris, la gratitude que les vivants doivent à cette longue suite d'ancêtres dont l'effort laborieux a créé tous les biens dont jouit le présent. Sans doute il y avait, dans ces rites de la religion funéraire, un élément périssable que le progrès de la raison devait frapper de désuétude, et nous pouvons être tentés de sourire quand nous voyons l'Égyptien ou le Grec se donner tant de peine pour abreuver de sang, de lait ou de miel les mânes de ses aïeux ; mais, à tout prendre, l'un et l'autre, dans leur simplicité, devinaient une vérité qu'est souvent impuissant à saisir, de nos jours, ce que l'on appelle l'esprit révolutionnaire, avec son puéril et brutal dédain du passé ; ils sentaient profondément, à leur manière, l'étroite solidarité qui relie les unes aux autres toutes les générations humaines. Avertis par le cœur, ils avaient ainsi devancé les résultats auxquels la pensée moderne est conduite par l'étude attentive et réfléchie de l'histoire. La philosophie tire aujourd'hui de cette conviction raisonnée et des conséquences qu'elle comporte le principe d'une haute moralité ; bien avant qu'elle y songeât, déjà cette idée et les sentiments tendres et respectueux qu'elle provoque avaient été, pour ces premiers-nés de la civilisation, un moyen puissant d'amélioration morale, le lien de la famille et le ciment de la cité. »

Après cela, on comprend quelle importance les Égyptiens attachaient à la conservation des corps dans la tombe et pourquoi ils embaumaient les restes de leurs défunts.

Lorsqu'un habitant de la vallée du Nil perdait un de ses proches, il livrait le corps du mort aux embaumeurs, classe inférieure de l'ordre sacerdotal, après avoir fixé le prix de la préparation, lequel dépendait de la simplicité ou de la magnificence de l'embaumement. Il y avait en effet plusieurs classes. La plus commune consistait à purger avec des drogues de vil prix l'intérieur du ventre, à faire dessécher le corps entier en le laissant, soixante-dix jours, plongé dans le natron, à l'ensevelir ensuite dans un linceul de toile grossière et à le déposer en cet état dans les catacombes publiques. Si l'individu avait le moyen de faire quelque dépense, on recourait à l'huile de cèdre pour nettoyer l'intérieur, on desséchait les organes avec le natron, on entourait le corps de bandelettes de coton imbibées de la même huile, et on les enfermait ensuite dans un cercueil plus ou moins orné de peintures.

Dans les embaumements, on commençait par extraire le cerveau par les narines au moyen d'un instrument recourbé. La cavité de la tête était ensuite remplie, par injection, de bitume liquide et très pur, qui durcissait en se refroidissant. On procédait aussi à l'extraction des yeux et on les remplaçait par des yeux en émail. La chevelure était conservée. Au moyen d'une pierre tranchante, on faisait une incision dans le flanc gauche, à la hauteur du bassin, et par cette ouverture on extrayait les intestins et les viscères. Les cavités de l'abdomen et de l'estomac étaient soigneusement lavées avec des décoctions de vin de palmier ou d'aromates, puis essuyées; après quoi, on les remplissait de myrrhe et autres parfums, de bijoux, de figurines religieuses. Le corps, ainsi préparé intérieurement, était déposé dans le natron, où on le laissait séjourner soixante-dix jours; la chair et les muscles étaient complètement détruits, et il ne restait plus de ce corps que la peau collée sur les os. D'autres fois, au lieu de dessécher ainsi le cadavre, on injectait

Fig. 24. — Canope dans lequel on conservait les viscères du corps momifié.

dans toutes ses veines, par des procédés très compliqués et très coûteux, une liqueur chimiquement composée, qui avait la propriété de conserver le corps et de laisser à ses membres presque toute leur élasticité naturelle.

Après les soixante-dix jours d'immersion, on enveloppait chaque doigt isolément de bandelettes étroites, la main ensuite, et enfin le bras. La même opération avait lieu pour chacun des autres membres et pour la tête plus soigneusement encore. Plusieurs couches successives couvraient la figure, et l'adhésion en était telle que, enlevées en masse, elles ont pu servir de moule pour couler du plâtre et reproduire le masque trait pour trait.

Les corps des pharaons étaient complètement dorés. On donnait aux bras de chaque momie une position réglée par l'usage et par la loi : on croisait les mains des femmes sur le ventre ; les bras des hommes restaient pendants sur les côtés ; quelquefois la main gauche était placée sur l'épaule droite, le bras faisant écharpe sur la poitrine. Ainsi enveloppée de langes et d'un linceul retenu par des bandelettes en croix, la momie, où toute apparence de cadavre et de préparation avait disparu, était placée dans un cercueil en bois, en granit, en basalte ou autre matière, et enfin déposée dans la tombe.

La tombe, c'est la demeure du *double*. Lorsqu'elle est complète, elle se compose de trois parties : une chapelle extérieure, un puits et des caveaux souterrains. Dans la chapelle s'élèvent une stèle quadrangulaire et une table d'offrande ; sur la stèle se lit le nom du défunt, et l'on a eu soin d'y graver son portrait, ceux de ses proches, ceux de ses serviteurs, ainsi que les scènes usuelles de sa vie. La chapelle est le lieu où les descendants du mort et les prêtres chargés de son culte rendent hommage à l'ancêtre. Quant au puits, profond de 12 à 30 mètres, il se continue par un couloir qui conduit à la chambre funéraire proprement dite, laquelle était murée aussitôt que la momie y avait été descendue.

En dépit de toutes les précautions prises par les Égyptiens pour la conservation du corps, il pouvait arriver qu'il ne fût point à l'abri ni de la haine ni de l'avidité. Or, une fois la momie anéantie, que deviendrait le *double?* Obéissant à un sentiment de crainte superstitieuse, les Égyptiens résolurent de donner au *double* un soutien artificiel, la statue, plus dure, plus résistante que la momie, et de multiplier, en même temps que l'image du mort, le support du *double* : de là le nombre incroyable de statues que l'on trouve dans les tombeaux.

Lorsqu'avaient lieu des funérailles, la tête du convoi était tenue par des esclaves chargés d'offrandes et portant les pièces du mobilier funéraire, le

Fig. 25. — Cercueil en bois du roi Mikérinos.

lit, les chaises, les guéridons, les coffrets, les amulettes. Venaient ensuite un chœur de pleureurs et de pleureuses à gages, dont on avait loué les services pour la circonstance, puis un prêtre officiant, puis la momie sur un traîneau tiré par des bœufs, puis la famille et les amis en costume d'apparat, et enfin le reste des pleureuses fermant la marche.

Fig. 26. — Pleureuses. D'après un tableau d'un tombeau à Thèbes.

Ceux qui suivaient le cortège manifestaient leur douleur en déchirant leurs vêtements avec des gestes désordonnés, se frappaient le front et la poitrine, se couvraient de poussière les cheveux et la face. Au milieu des sanglots et des cris on entendait l'éloge des vertus du mort, avec des allusions à ses goûts et des félicitations pour ses bonnes œuvres. Le Nil traversé sur une flottille de barques peintes, le convoi se reformait et arrivait à l'entrée du tombeau sur l'autre rive. La momie était dressée debout, le dos à l'hypogée, face aux assistants, « comme le maître d'une maison neuve

LA RELIGION ET LE CULTE.   71

que ses amis ont accompagné jusqu'à la porte, et qui se retourne un moment sur le seuil pour les congédier avant d'entrer chez lui ». Le chœur des pleureuses criait de toutes ses forces :

Fig. 27. — La lamentation sur le mort dans l'ancienne Égypte.

Plaintes! plaintes!
Faites, faites, faites,
Faites les lamentations sans cesse,
Aussi haut que vous pouvez!
O voyageur excellent, qui vas vers la terre d'éternité,
Tu as été enlevé violemment.

O toi qui avais beaucoup de gens,
Te voici dans la terre qui aime la solitude !
Toi qui aimais à ouvrir les jambes pour marcher,
Te voici enchaîné, lié, emmaillotté !
Toi qui avais beaucoup de fines étoffes, et qui aimais la parure,
Couché dans les vêtements d'hiver !
Celle qui te pleure
Est devenue comme privée de mère ;
Le sein voilé, elle a fait lamentation et mené deuil,
Elle se roule autour de ta couche funèbre !

Une fois que les rites étaient accomplis à l'entrée de la tombe, la momie y était placée avec les objets nombreux apportés par le cortège, et la porte fermée. Puis, parents et amis s'asseyaient aux tables d'un banquet, servi sur l'esplanade précédant l'hypogée. Une place d'honneur restait vide, celle du mort, dont le *double* était censé prendre part à ce dernier repas avec les siens. Danseuses, musiciennes, chanteuses, égayaient les assistants et donnaient au banquet funèbre l'allure d'une véritable réjouissance.

Dans le cercueil de chaque momie, on a l'habitude de rencontrer régulièrement une copie plus ou moins complète d'un livre sacré, désigné par les égyptologues sous le nom de *Livre des morts*. C'est un recueil de prières destinées à protéger le défunt dans les épreuves de la vie d'outre-tombe, une série de leçons liturgiques que les prêtres récitaient pendant les funérailles et à l'occasion des rites commémoratifs qui avaient lieu plus tard auprès du tombeau. Les instructions qui s'y trouvent sont toujours placées dans la bouche du défunt, dont elles sont comme le bréviaire.

« Le *Livre des morts,* dit M. François Lenormant,

s'ouvre par une grande scène dialoguée qui se passe au moment même de la mort, lorsque l'âme vient de se séparer du corps. Le mort, s'adressant à la divinité infernale, énumère tous ses titres en faveur et lui demande de l'admettre dans son empire. Le chœur des âmes glorifiées in-

Fig. 28. — Chanteuse et musiciennes dans les funérailles.
D'après une peinture d'un tombeau de Thèbes.

tervient, comme dans la tragédie grecque, et appuie la prière du défunt. Le prêtre sur la terre prend à son tour la parole et joint sa voix pour implorer aussi la clémence divine. Enfin, Osiris, le dieu des régions inférieures, répond au mort : « Ne crains rien en m'adressant la prière pour l'éter-« nelle durée de ton âme, pour que j'ordonne que tu fran-« chisses le seuil. » Rassurée par cette parole divine, l'âme du défunt pénètre dans le Kher-ti-noutri, la demeure des défunts, et recommence ses invocations. Après ce début grandiose suivent quelques petits chapitres beaucoup moins importants, relatifs aussi à la mort et aux premières cérémonies des funérailles. Enfin l'âme du défunt a franchi les portes du Kher-ti-noutri; il pénètre dans cette région infernale, et à son entrée il est ébloui de l'éclat du soleil, qui se manifeste à lui pour la première fois dans l'hémisphère inférieur. Il entonne un hymne de louanges au soleil, sous forme d'invocations et de litanies entremêlées. »

Le défunt se présente successivement devant les dieux des principales villes avant de franchir la porte de l'enfer. « Dès les premiers pas, des obstacles terribles se présentent sur son chemin. Des monstres effroyables, serviteurs de Set, crocodiles de terre et d'eau, serpents de toutes sortes, tortues et autres reptiles se précipitent sur le mort pour le dévorer. Alors s'engage une série de combats, où le mort et les animaux contre lesquels il lutte s'adressent mutuellement des injures à la façon des héros d'Homère. Enfin le mort a vaincu tous ses ennemis, il a renversé les monstres typhoniens et forcé le passage; dans l'exaltation de sa victoire, il entonne un chant de triomphe, où il s'assimile à tous les dieux, dont les membres sont devenus les siens... Après de pareils travaux, le mort a besoin de repos; il s'arrête quelque temps pour reprendre ses forces et repaître sa faim dévorante. Il a évité de grands dangers : il a échappé à la décapitation, à la seconde mort, au billot infernal ou *nemma*, d'où il serait sorti sans tête, et à la décomposition de son corps; il ne s'est pas égaré dans le désert où l'on meurt de faim et de soif, à tel point qu'on y est réduit à manger ses excréments. Du haut de l'arbre de vie, la déesse Nout lui verse une eau salutaire, qui le

Fig. 29. — Osiris.

rafraîchit et lui permet de recommencer sa route, afin d'atteindre la première porte du ciel. »

Là, le mort engage un dialogue avec la lumière divine, qui l'instruit, et, éclairé par elle, il s'avance, prenant à son gré toutes les formes qui lui conviennent, se changeant en épervier d'or, en grue, en oiseau, en crocodile. Jusqu'ici, l'âme du défunt n'a revêtu que cette sorte de corps moins dense qui s'appelle le *double :* désormais, elle a besoin de son corps pour accomplir le reste du voyage, et le voyageur se remet en route, précédé de son âme, qui vole devant lui. Il arrive sur les bords du fleuve infernal, où un faux nautonnier, envoyé par le génie du mal, cherche à l'entraîner dans sa barque pour le conduire vers l'Orient, au lieu de l'Occident, terme de sa course. Échappant à ce nouveau péril, il reconnaît le vrai nautonnier, qui lui fait subir un interrogatoire avant de le conduire sur l'autre rive, et il atteint la vallée d'Aarou, si fertile que la tige du blé s'y élève à sept coudées et la longueur de l'épi à deux. »

Mais il n'a pas encore subi la dernière et la plus redoutable de ses épreuves : la comparution devant Osiris, dans la salle de la double justice. Le dieu est assis sur son trône, entouré d'assesseurs au nombre de quarante-deux, qui l'interrogent tour à tour et lui demandent compte de toute sa vie.

« Hommage à vous, dit le mort, seigneurs de vérité et de justice! Hommage à toi, dieu grand, seigneur de vérité et de justice! Je suis venu vers toi, ô mon maître; je me présente à toi pour contempler tes perfections. Car il est reconnu que je sais ton nom et les noms de ces quarante-deux divinités qui sont avec toi dans la salle de la double justice, vivant des débris des pêcheurs et se gorgeant de leur sang au jour où se pèsent les paroles par-devant Osiris, le véridique. Esprit double, seigneur de la double justice est ton nom. Moi, certes, je vous connais, seigneurs de la vérité et de la justice ; je vous ai apporté la vérité, j'ai détruit pour vous le mensonge. » Après ce préambule, le défunt se confesse sous forme négative : « Je n'ai commis aucune fraude comme les hommes ! Je n'ai pas tourmenté la veuve ! Je n'ai pas menti dans le tribunal ! Je ne connais pas la mauvaise foi ! Je n'ai fait rien de défendu ! Je n'ai pas fait exécuter à un chef de travailleurs chaque jour plus de travaux qu'il n'en devait faire ! Je n'ai pas été négligent ! Je n'ai pas été oisif ! Je n'ai pas faibli ! Je n'ai pas défailli ! Je n'ai pas fait ce qui était abominable aux dieux ! Je n'ai pas desservi l'esclave auprès de son maître. Je n'ai pas affamé ! Je n'ai pas fait pleurer ! Je n'ai point tué ! Je n'ai pas ordonné le meurtre par trahison ! Je n'ai commis de fraude envers personne ! Je n'ai point détourné les pains des temples ! Je n'ai point distrait les gâteaux d'offrande des dieux ! Je n'ai pas enlevé les provisions ni les bandelettes des morts !

« Je n'ai pas altéré les mesures de grain ! Je n'ai pas fraudé d'un doigt sur une paume ! Je n'ai pas usurpé dans les champs ! Je n'ai pas fait de gains frauduleux au moyen des poids du plateau de la balance ! Je n'ai pas faussé l'équilibre de la balance ! Je n'ai pas enlevé le lait de la bouche des nourrissons ! Je n'ai point chassé les bestiaux sacrés sur leurs herbages ! Je n'ai pas pris au filet les oiseaux divins ! Je n'ai pas pêché les poissons sacrés dans leurs étangs ! Je n'ai pas repoussé l'eau en sa saison ! Je n'ai pas coupé un bras d'eau sur son passage ! Je n'ai pas éteint le feu sacré en son heure ! Je n'ai pas repoussé les bœufs des propriétés divines ! Je n'ai pas repoussé de dieu dans sa procession! Je suis pur! Je suis pur! Je suis pur! »

Alors, le cœur du mort est mis dans la balance avec la justice : s'il y a équilibre parfait, et si les quarante-deux juges ont émis une opinion favorable, Osiris rend sa sentence, qui ouvre au défunt la compagnie des âmes bienheureuses et glorifiées. Au cas contraire, l'âme coupable est livrée au *Khou*, exécuteur du jugement, qui la flagelle du fouet de ses péchés et l'abandonne aux tempêtes et aux tourbillons des éléments conjurés. La damnée rentre dans un corps humain, lui rend en maladies, en torture et en démence les souffrances qu'elle subit, et, après des siècles de misère, meurt pour tomber à jamais dans le néant. Pendant ce temps, l'âme juste, admise sur la barque éternelle du soleil, parcourt avec lui le ciel supérieur et l'hémisphère souterrain, mêlée aux chœurs des dieux sidéraux qui forment le cortège du soleil, contemplant face à face l' « Être parfait », et s'abîmant en lui.

Les cimetières égyptiens formaient de véritables villes, où se voyaient des tombes pyramidales, plus particulièrement réservées aux rois, des syringes, des sépulcres, des hypogées communs, où l'on entassait pêle-mêle les momies plus ou moins négligées des gens du peuple. Au milieu de ces monuments funéraires vivait une population nombreuse, employée aux manipulations de l'embaumement et aux diverses pratiques du rituel funèbre. Il y avait des *paraschites,* qui ouvraient les flancs du mort pour en extraire les entrailles ; des *taricheutes,* qui recevaient le corps ainsi nettoyé pour l'embaumer et l'entourer de bandelettes; des *choachytes,* qui avaient la garde

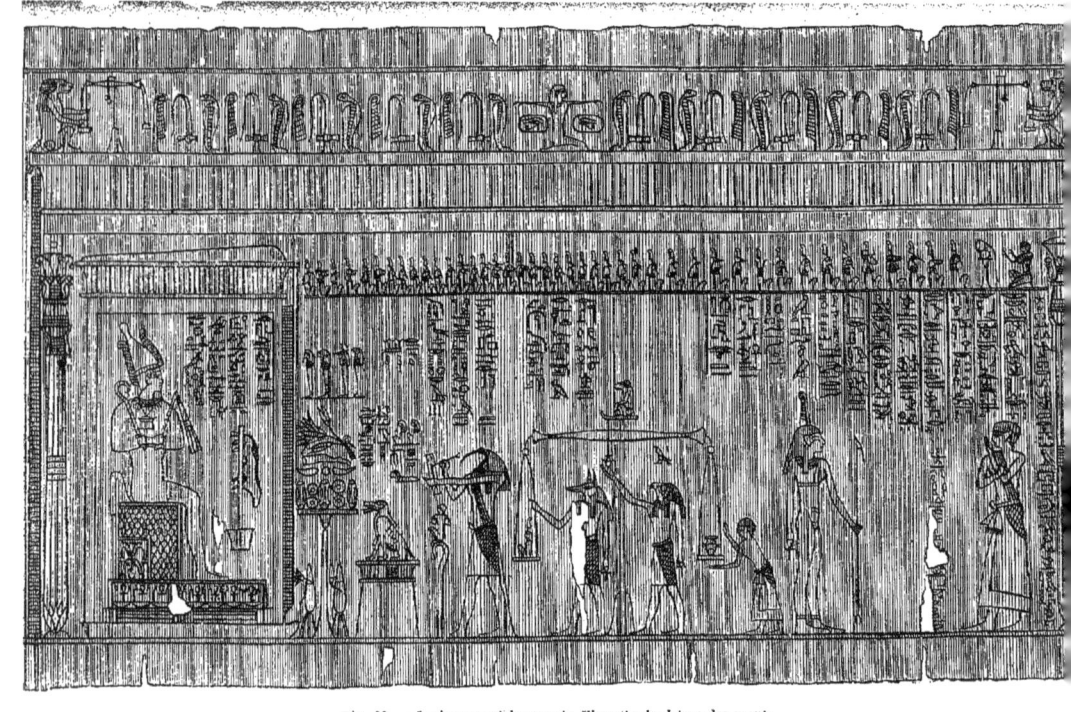

Fig. 30. — Le jugement des morts. Vignette du *Livre des morts*.

religieuse des tombeaux particuliers moyennant une redevance en nature, accomplissaient les rites, répandaient les libations, etc. Il y avait aussi des hommes chargés de l'entretien et de la police. La garde religieuse des tombeaux était très productive; elle pouvait s'aliéner, et le choachyte retirait de sérieux avantages de la « vente » des tombeaux dont il avait à prendre soin. La loi permettait ce curieux trafic.

Les Égyptiens n'étaient pas seulement dévots; ils avaient des superstitions astrologiques, croyaient aux jours heureux et néfastes et attribuaient une haute importance à la magie. Il suffit de parcourir les traductions de romans égyptiens que nous possédons pour se rendre compte de la place que tenait cette science dans la vallée du Nil. « On n'emploie pas communément chez nous, comme ressorts de romans, dit M. Maspero, les apparitions de divinités, les transformations de l'homme en bête, les animaux parlants, les opérations magiques. Ceux mêmes qui croient le plus fermement aux miracles de ce genre les considèrent comme un accident rare dans la vie moderne. Il n'en était pas de même en Égypte; la sorcellerie y faisait partie de la vie courante, aussi bien que la guerre, le commerce, la littérature, les métiers qu'on exerçait, les divertissements qu'on prenait. Tout le monde n'avait pas vu les prodiges qu'elle opérait, mais tout le monde connaissait quelqu'un qui les avait vus s'accomplir, en avait profité ou en avait souffert. La magie était une science, et le magicien un savant des plus estimés. Les grands eux-mêmes étaient adeptes des sciences surnaturelles et déchiffreurs convaincus des grimoires mystiques. Un prince sorcier n'inspirerait chez nous qu'une estime médiocre : en Égypte, la magie n'était pas incompatible avec la royauté, et les sorciers du pharaon eurent souvent le pharaon pour élève. Parmi les personnages des contes égyptiens, la plupart sont des sorciers amateurs ou de profession. Bition *enchante* son cœur et se l'arrache de la poitrine sans cesser de vivre, se transforme en bœuf et en arbre. Khâ-m-Ouas et son frère ont appris par aventure l'existence d'un livre que le dieu Tatout avait écrit de sa propre main, et qui était pourvu de propriétés merveilleuses. Ce livre se composait de deux formules, sans plus, mais quelles formules!

« Si tu récites la première, tu charmeras le ciel, la terre, les morts, les eaux ; tu connaîtras les oiseaux et les reptiles, tous tant qu'ils sont, tu verras les poissons, car la force divine de l'eau les fera monter à la surface. Si tu récites la seconde formule, quand même tu serais dans la tombe, tu auras la même forme que tu avais sur la terre; tu verras aussi le soleil se levant au ciel et son cycle de dieux, et la lune en la forme qu'elle a quand elle paraît. »

Comme le fait remarquer Fr. Lenormant, l'idée de toutes les formules magiques égyptiennes contre les fléaux de la vie, les maladies, les animaux malfaisants, est l'assimilation de celui qui les prononce aux dieux, assimilation que produit la vertu des paroles de l'enchantement et qui met l'homme à l'abri du danger. Le magicien n'invoque pas la puissance divine : il proclame qu'il est tel ou tel dieu, parce qu'il croit le devenir par l'opération théurgique, et, de cette manière, ce n'est pas un homme, c'est en quelque sorte un égal qui appelle à son secours l'une des puissances supérieures.

Le papyrus magique Harris, étudié par M. Chabas, renferme entre autres des exemples d'un homme qui, voulant se mettre à l'abri du danger, invoque un dieu à titre de dieu lui-même :

> Viens à moi, ô seigneur des dieux !
> Repousse loin de moi les lions venant de terre,
> Les crocodiles sortant du fleuve,
> La bouche de tous les reptiles mordants sortis de leurs trous.
> Arrête, crocodile Maka, fils de Set !
> Ne vogue pas avec ta queue,
> Ne suis pas de tes deux bras,
> N'ouvre pas la gueule !
> Que l'eau devienne un feu ardent devant toi !
> La pique des trente-sept dieux est sur tes yeux ;
> L'arme des trente-sept dieux est sur ton œil ;
> Tu es lié au grand croc de Râ.
> Arrête, crocodile Maka, fils de Set !
> Car je suis Ammon, le mari de sa mère.

Ailleurs, l'incantateur invoque Isis contre les périls qui pourraient le menacer dans sa maison de campagne isolée :

> O toi que ramène la voix du gardien,
> Hor a prononcé à voix basse l'invocation : *Campagne*.

Cela dit, les animaux qui le menaçaient ont rétrogradé.

Qu'Isis, ma bonne mère, prononce pour moi l'invocation.
Qu'elle demeure dans l'arche de salut,
A mon sud,
A mon nord,
A mon occident,
A mon orient,
Pour que soit salée la gueule des lions et des hyènes,
La tête de tous les animaux à longue queue
Qui se repaissent de chair et boivent le sang;
Pour les fasciner,
Pour leur enlever l'ouïe,
Pour me tenir dans l'obscurité,
Pour ne pas me mettre en lumière,
Pour me rendre invisible
A tout instant de la nuit!

Enfin, et ce sera notre dernier exemple, nous citerons encore la formule ci-jointe où l'incantateur enchante son chien de garde pour augmenter sa force :

Debout! chien méchant!
Viens que je te prescrive ce que tu as à faire aujourd'hui.
Tu étais attaché, te voilà délié.

C'est par Hor qu'il s'est prescrit de faire ceci :

Que ta face soit le ciel ouvert!
Que ta mâchoire soit impitoyable!
Que ta force immole comme le dieu Harschafi,
Massacre comme la déesse Anata!
Que ta crinière présente des verges de fer!
Soit pour cela Hor et pour cela Set!
Va au sud, au nord, à l'ouest, à l'est;

> La campagne t'est livrée tout entière,
> Rien ne t'y arrêtera.
> Ne dirige pas ta face contre moi,
> Dirige-la contre les animaux sauvages.
> Ne présente pas ta face sur mon chemin,
> Présente-la sur celui de l'étranger.
> Je t'investis d'une vertu fascinatrice; enlève l'ouïe!
> Car tu es le gardien courageux, redoutable,
> Salut! Parole de salut!

Ce qu'il importe de retenir, c'est que les Égyptiens ne combattaient pas, par leurs exorcismes, des démons malfaisants, mais se bornaient à demander aux dieux aide et secours dans les assauts que la vie leur réservait. De plus, ils ne suppliaient pas, ils ne priaient pas : ils s'adressaient impérativement aux plus hautes divinités, convaincus que certaines formules sacramentelles les élevaient eux-mêmes au rang de dieux. C'est ce qui a fait dire aux écrivains alexandrins que les Égyptiens avaient la prétention de commander aux puissances célestes et leur commandaient en effet, si elles étaient appelées par leur véritable nom.

CHAPITRE III.

CONSTITUTION POLITIQUE ET SOCIALE.

La division en classes (nous ne disons pas en *castes*) était la base fondamentale de la constitution égyptienne, et la royauté en était le sommet. Combien existait-il de classes? On ne le sait au juste, mais il est certain que les prêtres et les soldats jouissaient de la plus haute considération et des plus grands honneurs.

La classe sacerdotale formait la partie vraiment instruite et savante de la nation. Elle était vouée à l'étude des sciences, en même temps qu'elle remplissait les cérémonies du culte et certaines fonctions administratives. Propriétaire de la plus grande partie du sol, elle prétendait le tenir d'Isis, ce qui rendait ses biens inviolables et les exemptait d'impôts. Elle était immensément riche, comme le prouve la splendeur des temples et la pompe des cérémonies religieuses, mais la source de ses richesses ne consistait pas seulement dans les revenus de ses domaines. Des redevances en nature étaient payées aux temples. Les prêtres percevaient sur les propriétés territoriales des taxes en argent ou en nature, et il faut mettre aussi au nombre des revenus sacerdotaux les redevances établies sur les morts : dans la Thébaïde, les momies qui n'avaient pas de tombeaux particuliers étaient déposées dans une nécropole commune à toute une ville, ou à tout un quartier, si la ville était considérable, et sur chacune de ces momies un droit fixe était perçu. Il existe des contrats qui témoignent du fait, et qui montrent aussi que les prêtres vendaient, pour un certain nombre d'années, les droits à percevoir dans divers tombeaux à une sorte de fermier général, qui, de son côté, traitait avec des sous-fermiers pour une ou plusieurs tombes particulières. De cette manière, morts et vivants concouraient à enrichir les temples et à maintenir la puissance sacerdotale, dotée à la fois par la loi, par la piété des rois et par les simples citoyens. Aussi les pharaons cherchèrent-ils, en établissant des impositions sur les temples, à restreindre l'influence morale d'une classe à laquelle ses trésors assuraient une autorité jugée dangereuse par le pouvoir central.

Les cérémonies religieuses, dont la loi faisait un devoir aux monarques égyptiens dans les circonstances marquantes de leur vie, indiquent assez combien l'autorité sacerdotale était intimement liée à l'autorité royale. Les pharaons s'inclinaient devant la majesté divine, personnifiée par les prêtres, et jusqu'aux derniers temps de la monarchie, ils étaient intronisés et sacrés à Memphis, dans une réunion générale de l'ordre sacerdotal, convoquée pour la proclamation du nouveau roi.

Constituée sur la possession territoriale, la classe sacerdotale tout entière était comme une famille possédant un vaste héritage, transmissible selon des conditions connues à ses divers membres de génération en génération. C'est ce droit d'héritage de la terre qui rendait obligatoire l'hérédité des fonctions, parce que la nature de ces fonctions déterminait la part cohéréditaire afférente à chaque membre de la famille; sur ce principe repose toute la constitution de la classe sacerdotale. Les prêtres se mariaient donc, et leurs enfants mâles étaient prêtres. La multiplicité des lieux de dévotion, leurs riches dotations et la fertilité de l'Égypte expliquent sans difficulté comment un si grand nombre de prêtres pouvaient vivre dans l'aisance; et à ces dotations, il faut ajouter encore les subventions qu'ils recevaient du trésor royal pour les nombreuses fonctions salariées réservées à leur classe et embrassant toutes les branches de l'administration publique non spécialement militaires. Ainsi, l'existence des familles sacerdotales était assurée à perpétuité par la possibilité de la transmission d'une part de l'héritage commun, proportionnée au nombre des membres de la famille; la même condition leur était aussi garantie, le rang hiérarchique était de même héréditaire. Il n'y avait donc que des chances de promotion pour les familles comme pour les individus, espèce de tontine exemptée des mauvaises chances par la loi d'une indissoluble association.

Après le roi, le grand prêtre était le premier fonctionnaire de l'État. Les fils des principaux titulaires de l'ordre sacerdotal vivaient avec les enfants du monarque, et remplissaient ainsi auprès du roi lui-même les places les plus recherchées dans le service du palais. Les prêtres étaient les intermédiaires constants entre le roi et ses sujets, c'est-à-dire entre la divinité et l'homme, l'esprit religieux

CONSTITUTION POLITIQUE ET SOCIALE. 89

du peuple égyptien lui faisant invoquer les dieux en toute circonstance. Dans la paix et dans la guerre, dans la vie

Fig. 31. — Séti présentant l'encens et faisant une libation. (Bas-relief d'Abydos.)

de famille et dans la cité, à l'inondation comme à la moisson, le ciel apparaissait personnifié par le prêtre, qui se trouvait ainsi amené à diriger et à sanctifier les décisions les plus importantes.

Les membres de la classe sacerdotale professaient aussi la médecine, la chirurgie. Dans les écoles des temples, ils enseignaient les sciences, les arts, les lettres, la musique, le dessin, la cosmogonie, la physique, l'histoire naturelle, la religion, la morale, et c'est dans les sanctuaires que les sciences exactes étaient spécialement étudiées en elles-mêmes aussi bien que dans leurs applications. Les vastes plates-formes des temples servaient d'observatoires aux prêtres astronomes ou astrologues. Comme nous le verrons plus loin, l'Égypte était parvenue, en astronomie, à un degré de savoir qui a causé l'admiration des modernes par sa profondeur et son étendue.

Tandis qu'en Grèce, le service des temples était la seule occupation des prêtres, en Égypte au contraire, ils formaient donc un corps de l'État gouvernant le roi et son peuple au nom des dieux, ayant la haute main dans l'administration, tenant le premier rang dans la culture des sciences et dans leur enseignement. Chaque divinité avait ses prêtres comme ses temples particuliers. Les costumes de la classe sacerdotale étaient variées et réglés en tout point comme sa hiérarchie. Enfin des prescriptions étaient imposées à la corporation tout entière, tandis que d'autres obligations, spéciales aux divers ordres de prêtres, servaient à distinguer chacun d'eux de tous les autres.

D'après Champollion, on doit mettre au premier rang parmi les prescriptions d'un caractère général celle qui obligeait les prêtres à être rasés et épilés. C'était un devoir impérieux pour eux de prendre tous les trois jours ce soin de propreté que leur paraissait exiger leur commerce

CONSTITUTION POLITIQUE ET SOCIALE. 91

constant avec les dieux et l'administration des choses sacrées. La circoncision leur était ordonnée, comme d'ailleurs à tous les autres citoyens. Ils devaient être exempts

Fig. 32. — Porte du mastaba de Ti, représentant un grand prêtre sous la V⁰ dynastie.

de toute difformité corporelle et ne pouvaient être habillés que de robes de lin, l'usage des étoffes de laine leur étant interdit.

On a essayé de se rendre compte des raisons secrètes

d'une semblable loi : la laine, le poil, le crin ayant, a-t-on dit, une origine impure, et le lin naissant de la terre immortelle, ce dernier devait incontestablement leur être préféré. En réalité, le lin procurait des vêtements souples, légers, d'une blancheur éblouissante, propres à toutes les saisons, recherchés des classes élevées, parce qu'ils les dis-

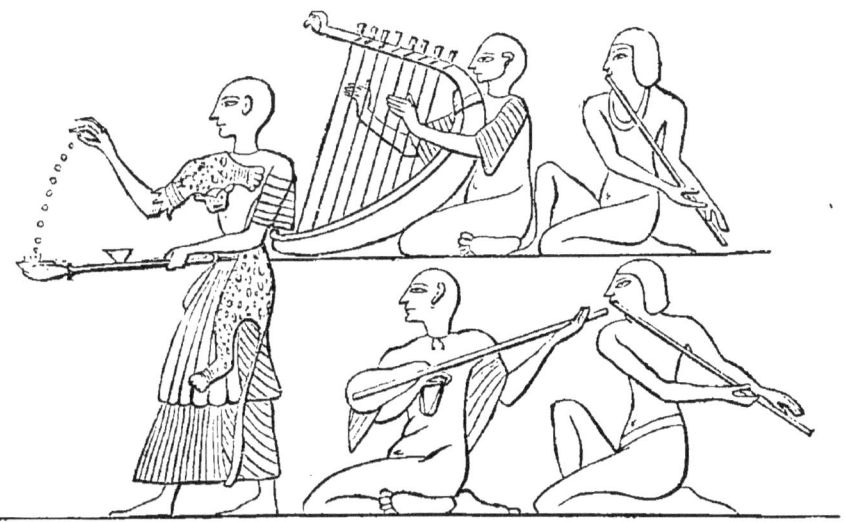

Fig. 33. — Prêtre brûlant de l'encens devant une divinité, pendant que des musiciens jouent de divers instruments.

tinguaient de la foule à laquelle étaient destinées les étoffes communes et grossières. La loi concernant l'habillement des prêtres leur ordonnait d'être vêtus plus richement que les gens du peuple, et il résultait d'un costume éclatant de blancheur, autant que de la gravité habituelle de la physionomie et de la démarche, un caractère imposant, un extérieur des plus respectables. Les prêtres portaient, en outre, suspendues à leur cou, des figures de dieux ou de déesses, et le rang qu'ils occupaient dans la hiérarchie s'indiquait par des emblèmes qu'ils portaient parfois dans leurs mains. Ainsi, la palette du scribe, le *kasch* ou roseau taillé, le papyrus roulé ou déroulé désignaient généralement un prêtre hiérogrammate ou scribe sacré, auquel était dévolue spécialement l'administration des choses saintes; le *schenti,* courte tunique sans doute réservée pour l'intérieur, l'habillait ordinairement, et la *calasiris,* plus ample et plus longue, couvrait le *schenti.* Les prêtres

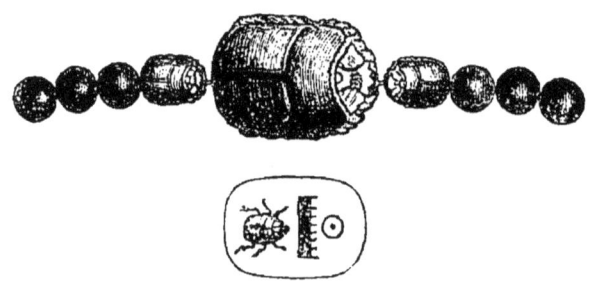

Fig. 34. — Collier avec scarabée.

d'Osiris étaient caractérisés par la peau de panthère jetée par-dessus la tunique de lin; d'autres se faisaient remarquer par des pectoraux en forme de petits naos qui contenaient des scarabées, des emblèmes de la vie ou de la stabilité, des figures d'animaux sacrés, des images de divinités. Des colliers à plusieurs rangs, des bagues, des chaussures de papyrus ou de palmier, nommées *tabtebs,* ayant la forme de la plante des pieds, se terminant par de longues pointes recourbées et s'attachant sur le cou-de-pied, augmentaient encore la splendeur du costume sacerdotal.

Les prêtres se servaient pour les besoins du culte d'instruments variés dont les monuments nous ont conservé la reproduction. Les parfums offerts aux divinités étaient brûlés dans un encensoir en bronze ou *amschir*, composé d'une coupe reposant sur une main sortant d'une tige de lotus ; une tête d'épervier ou de tout autre animal sacré terminait la poignée, et le manche était parfois en bois sculpté. Des coffrets de même matière, incrustés en ivoire ou en bois de nuances variées, contenaient les parfums, et des cuillers en pâte d'émail, en terre émaillée, en serpentine, en bois, en ivoire, servaient à les en extraire. Ces cuillers représentaient des animaux divers, des fleurs, des boutons, des feuilles, une corbeille de lotus, une femme cueillant les tiges de cette plante sacrée, etc. On a retrouvé aussi dans les fouilles faites en Égypte de grands sceaux en bois qui servaient à marquer les bœufs reconnus propres à être offerts en sacrifice, sceaux à l'usage des scribes, des victimes ou prêtres sphragistes ; des sceaux plus petits, en terre émaillée, servaient à marquer les victimes de plus petite taille, telles que les veaux et les oies. Des vaus sacrés en bronze ou en bois, sortes de grands seaux à anse, servant à porter l'eau du Nil dans les cérémonies religieuses ; des autels de matières et de formes variées, des couteaux de sacrifice, des tables et des vases à libation en pierre dure ou tendre et en terre cuite ornés de sculptures et de peintures, ont été recueillis dans ces fouilles et sont conservés dans nos musées.

Les principaux titres sacerdotaux que les textes égyptiens nous ont transmis sont ceux de *noutri-hon* (prophète), de *noutri-atef* (père divin), grade inférieur, mais d'où on pouvait s'élever par élection à celui de prophète; de *ab* (purificateur), grade moindre encore ; enfin, le dernier de tous était celui de *noutri-meri*. On appelait *kar-hebi* celui qui, dans les cérémonies funéraires, récitait les prières et accomplissait les rites à la porte du tombeau. Au-dessous de ces prêtres proprement dits, il existait un certain nombre de ministres inférieurs des autels, tels que les *ho-si* (mu-

Fig. 35. — Femmes attachées aux temples.

siciens et chanteurs) et les *fai sen-noutri* (porte-encens).

Sous l'ancien empire, des femmes portant le titre de *noutri hon-t* (prophétesses) étaient revêtues de la même dignité que les prophètes et remplissaient les mêmes fonctions; on n'en trouve plus trace dès la XIIe dynastie. Sans qu'il existât de véritables prêtresses, les femmes pouvaient d'ailleurs remplir certaines charges dans les cérémonies religieuses, et c'est ainsi que des *qemat* (chanteuses) et des *ahit* (joueuses de sistre) étaient attachées à presque tous les temples. En outre, on trouve mention dans les textes de servantes (*noutri-tiou-t*) et d'épouses (*noutri-hem*) de l'un des grands dieux : c'étaient des mères, femmes ou filles de prêtres. L'on ne saurait définir leurs fonctions, mais leur caractère était sacré. Les monuments les représentent tenant un sistre à la main et offrant des fleurs aux dieux, dont on les croyait les épouses terrestres. Au temps de la XVIIIe dynastie, les princesses de sang royal et les reines elles-mêmes considéraient comme un grand honneur d'être investies de ce titre vénérable et responsables des devoirs qu'il impliquait.

La classe militaire tenait en Égypte le second rang dans l'organisation sociale, et son existence remonte aux premiers temps de l'histoire. Sous le gouvernement théocratique, elle était déjà le second ordre de l'État : son influence s'accrut lorsque les soldats, las d'obéir à un prêtre-roi, choisirent parmi eux le plus illustre et lui confièrent le pouvoir suprême. Le premier roi ainsi élu fut Mîni, comme on l'a vu dans notre premier chapitre.

La constitution politique de la caste militaire reposait sur les mêmes bases que celle de l'ordre des prêtres ; avec d'autres devoirs, elle avait été dotée des mêmes droits. Elle tenait au sol par la propriété et formait une portion considérable de la nation. Chargée de la défense de l'État, elle veillait à sa sûreté, pendant que les prêtres instruisaient le peuple, invoquaient les dieux, et que la classe industrieuse, secondant la fertilité du sol, et pratiquant tous les arts utiles, assurait la subsistance générale, et fournissait à tous les besoins de la vie, à tous les désirs d'une civilisation avancée.

L'idée de troupes nationales ou troupes soldées n'était pas venue à l'esprit des sages de l'Égypte. Il n'y avait pas en ces régions de population flottante, sans feu ni lieu, inerte ou fainéante, à laquelle il ne restât d'autre ressource que celle de vendre sa vie à son pays ; la loi avait donc déféré le service militaire, comme un privilège, à une classe de la nation qu'elle avait pourvue d'une dotation territoriale, héréditaire comme son office. Les Égyptiens pensaient qu'il était raisonnable de remettre la défense de l'État à ceux qui possédaient quelque chose qu'ils avaient intérêt à protéger.

On ignore d'après quelles règles les produits de la dotation de cette classe étaient annuellement répartis entre les chefs de divers grades et les soldats de diverses armes. La tradition autorise à penser que la portion possédée par chaque soldat n'était pas au-dessous de 6 de nos arpents (12 *aroures*) ; mais c'était plutôt l'habitation de sa famille et la sienne en temps de paix que sa solde en temps de guerre. Une portion du revenu public était expressément affectée aux dépenses de l'armée ; les terres militaires étaient affranchies de toute imposition.

Ces guerriers étaient connus au temps d'Hérodote, sous deux noms différents : les *Calasiries* et les *Hermotybies,* suivant les nomes de l'Égypte d'où ils étaient originaires. Hérodote a recueilli la nomenclature des nomes qu'habitaient les Hermotybies, dont le nombre allait jusqu'à 160,000 ; les Calasiries, tirés d'autres nomes, fournissaient un contingent de 150,000 hommes. Les chiffres qu'indique l'historien grec, et dont le total donne une armée de 310,000 hommes, ne se rapportent peut-être qu'à son époque.

A ce moment, l'Égypte avait subi les invasions des Éthiopiens et des Perses et commençait à décliner. Au temps de sa prospérité, sous la XVIII⁰ dynastie, les forces militaires devaient être plus considérables. Aussi Strabon portait-il plus qu'au double du nombre donné par Hérodote, celui des soldats sous les rois dont on voit encore les tombeaux à Thèbes. L'Égypte, longtemps entourée de populations barbares, dut posséder sur toutes ses frontières des forces capables de les faire respecter. Elle faisait garder sa frontière d'Éthiopie par des troupes réunies à Éléphantine, celles d'Arabie par les garnisons de Daphné, qui défendaient l'Égypte contre les Arabes et les Syriens, et celles de la Libye des Grecs par les forces réunies à Maréa. Péluse était un point important de l'Égypte à l'Orient, et des camps retranchés existaient çà et là. Le service des garnisons était déféré successivement aux divers corps de l'armée : il était fixé à deux ans. Cent *Hermotybies* et cent *Calasiries* composaient chaque jour la garde des pharaons et tous les régiments étaient chargés de fournir tour à tour cette garde, afin que tous pussent profiter des avantages que procurait le service auprès du roi. Ceux qui le faisaient recevaient, en effet, comme gratification cinq livres de pain, deux de viande et deux mesures de vin tous les jours.

Au nombre des divers corps de troupes qui composaient l'armée étaient d'abord les combattants en char : chaque char, qui avait deux roues, était ouvert par le fond et attelé

CONSTITUTION POLITIQUE ET SOCIALE. 99

de deux chevaux ; il était monté par un soldat muni de

Fig. 36. — Combattants en char.

flèches ou de haches ; il avait debout à sa gauche un cocher.
Le reste de l'effectif se composait de fantassins.

Les manœuvres avaient lieu à des dates régulières par

légion ou par compagnie, et s'exécutaient au son du tambour ou de la trompette. Le chef suprême de l'armée était le roi. Il donnait à ses fils, aux princes du sang ou aux fils des familles les plus illustres le commandement des différents corps. Les rois dirigèrent plus d'une fois en personne des expéditions guerrières. Ils combattaient montés sur un char, accompagnés des principaux officiers ; un lion apprivoisé et dressé pour les batailles suivait ou précédait habituellement le char du pharaon. Il ne semble pas qu'il y ait eu en Égypte de cavalerie proprement dite, à moins que l'on ne désigne ainsi les soldats combattant sur des chars. C'est ici le lieu de faire remarquer que tous les enfants mâles de la classe militaire étaient destinés au métier des armes. La loi leur en défendait d'autres, et leur éducation, longue et sérieuse, était soumise au régime d'une discipline sévère.

On peut, d'après les monuments anciens, reconstituer tous les détails d'un camp égyptien. L'enceinte était formée par une palissade, et l'entrée gardée par un piquet de fantassins. Au point opposé à l'entrée se trouvait la tente du roi ou du chef, entourée de celles des officiers supérieurs ; le lion apprivoisé était couché auprès, les pattes de devant attachées ensemble et surveillé par un soldat muni d'un long bâton. Les ânes et les chevaux au repos étaient alignés du côté de l'entrée ; les chars, rangés à l'autre extrémité du camp. Dans l'espace libre, on disposait les harnachements et les bagages. A droite du camp se tenaient les hommes valides, activement occupés à des exercices ; à gauche étaient les ambulances et les infirmeries. Les exercices des chars et les manœuvres des fantassins avaient lieu en dehors de la palissade.

Les fantassins se subdivisaient en troupes de ligne et en troupes légères. Les soldats de ligne portaient un bouclier qui les couvrait depuis la tête jusqu'à la ceinture, et tenaient une lance de la main droite, une petite hache de la gauche ; ils marchaient en colonne serrée et formaient

Fig. 37. — Musiciens militaires, d'après une peinture de Thèbes.

le gros de l'armée. Venaient ensuite les soldats formant les troupes légères : ils portaient de la main gauche un petit bouclier rond, de la droite un sabre recourbé, garni d'un manche (*harpé*) ; la tête était couverte d'un casque en cuir ou en métal ; enfin, les archers proprement dits, vêtus de longues tuniques, tenaient un grand arc triangulaire et un carquois de grande taille sur l'épaule. Dans les mouvements de l'armée, les chars de combat étaient à l'avant, sur les flancs et à l'arrière ; au centre se tenaient les fantassins, lourdement armés, et les troupes légères se portaient à l'avant-garde ou sur les points menacés.

On a retrouvé, dans le tombeau d'un grand chef militaire, des peintures représentant un grand nombre d'instruments de guerre, de longues piques, des casques ornés d'incrustations en métaux ou en matières précieuses, des poignards droits et longs enveloppés dans leur fourreau, des carquois en forme de gaines, fermés par un couvercle décoré d'une tête de lion dorée, des fouets, des cravaches de combat et des cottes de mailles. Plusieurs spécimens des enseignes de chaque corps d'armée s'y trouvaient aussi figurées : placées au haut d'une grande hampe, ce qui les rendait visibles à tous, elles reproduisaient sous une figure humaine ou animale les principales divinités. Les Égyptiens possédaient encore des machines, qui lançaient à une grande distance des flèches et des javelots.

Au point de vue de l'administration militaire, chaque nome ou province était sous l'autorité d'un commandant militaire. Quant à la flotte égyptienne, elle n'était pas propre à de longues traversées, et d'ailleurs les bâtiments ne s'éloignaient guère des côtes.

Toute la population libre qui n'appartenait ni à la classe sacerdotale ni à la classe militaire constituait une troisième classe comportant de nombreuses variétés : paysans, artisans, chasseurs, mariniers, pilotes, pêcheurs. Les prolétaires et les vagabonds ne comptaient pas beaucoup plus que les esclaves.

Au-dessus des soldats, au-dessus des prêtres était le pharaon, le *fils du dieu Soleil,* le *dieu grand,* le *dieu bon,* adoré de ses sujets pendant sa vie aussi bien qu'après sa mort, s'adorant lui-même comme descendant des dieux. Un bas-relief du temple souterrain d'Ibsamboul montre Ramsès II s'adorant, assis entre Râ et Tefnet. Le roi est le prêtre par excellence. « Un culte comme celui de l'Égypte, dit M. Perrot, exigeait sans doute un très grand

Fig. 38. — Roi égyptien au combat.

nombre de ministres, dont chacun avait sa fonction spéciale, dans des cérémonies très compliquées et très brillantes ; mais, au moins dans les principaux temples, le roi seul avait le droit d'entrer dans le sanctuaire et d'ouvrir la porte de l'espèce de chapelle où se conservait le symbole par lequel était représentée la divinité ; seul, il regardait ainsi le dieu face à face et lui parlait au nom de son peuple. L'éminente dignité de ce rôle sacerdotal n'écartait d'ailleurs le roi ni des affaires ni des batailles. C'était de lui que relevait, c'était ses ordres qu'allait porter jusqu'aux extrémités du territoire toute cette armée de scribes et de fonctionnaires dont les titres se lisent déjà sur les plus anciens monuments de l'Égypte ; c'était lui qui conduisait au combat les épais bataillons de l'Égypte. Ce pontife suprême, ce chef de toute hiérarchie civile et militaire, ce conquérant auquel les dieux, appelés par sa prière, frayent le chemin à travers le monde, est pour ses sujets un dieu visible, et, comme dit une inscription, l'image de Râ parmi les vivants. Sa divinité, commencée sur la terre, se complète et se perpétue en quelque sorte dans l'autre vie. Tous les pharaons morts deviennent des dieux, de sorte qu'après chaque règne le panthéon égyptien s'enrichit d'une nouvelle divinité. La série des pharaons constituait ainsi un série de dieux auxquels le monarque régnant devait adresser ses hommages et ses invocations.

« On comprend quel prestige une pareille exaltation de la royauté devait donner en Égypte à la puissance souveraine. C'était plus que du respect : c'était de l'adoration, c'était une sorte d'idolâtrie. Façonnées dès l'enfance à cette vénération religieuse vers laquelle les inclinait déjà l'hérédité des penchants acquis, les générations se succédaient donc sur les bords du Nil sans que jamais aucune d'elles songeât à s'insurger contre cette autorité sainte ou même à la discuter. L'Égypte ancienne, comme la moderne, a vu parfois éclater des révoltes militaires, provoquées le plus souvent par la présence des mercenaires étrangers, soit par l'indiscipline et par les convoitises qu'ils apportaient avec eux, soit par la jalousie qu'ils inspiraient aux troupes indigènes; mais jamais, de Ménès au khédive actuel, la popu-

Fig. 39. — La vipère sacrée (*uræus*).

lation civile, pas plus celle des cités que celle des campagnes, n'a songé à rien désirer, à rien réclamer qui ressemblât de près ou de loin à ce que nous appelons des droits et des garanties. Durant ces milliers d'années, on n'aperçoit pas la plus légère trace de cet esprit d'où sont nées les constitutions républicaines de la Grèce et de l'Italie antiques, comme en sont sortis plus tard les gouvernements parlementaires de l'Europe chrétienne. Quel que fût le maître, l'artisan et le laboureur égyptien n'ont jamais eu, même un instant, l'idée que ses ordres pussent être mis en question. L'obéissance absolue à la volonté d'un seul, telle a été de tout temps, sous la domination étrangère et sous les dynasties nationales, l'habitude constante et comme instinctive qui a réglé tout le mouvement de la machine sociale. »

Tout pharaon avait deux noms, inscrits sur les monuments dans un encadrement désigné sous le nom de *cartouche :* le premier était celui qu'il prenait en ceignant la couronne, et le second celui qu'il portait avant son avènement. L'insigne caractéristique de la royauté était l'*uræus* (vipère ovée), qui décorait le front du souverain; la coiffure était composée de deux espèces de mitres, symbolisant la royauté simultanée des deux divisions du pays (haute et basse Égypte). Bien que les Égyptiens eussent l'habitude de se raser soigneusement la tête et de porter perruque, tant que le roi vivait, son héritier présomptif gardait comme insigne une mèche naturelle au-dessus de l'oreille gauche.

Nous avons dit, dans notre premier chapitre, que l'Égypte était divisée en circonscriptions administratives auxquelles les Grecs donnèrent le nom de *nomes*. Le nombre des nomes varia aux diverses époques, mais en tenant compte des divers renseignements que nous possédons, Fr. Lenormant a pu établir qu'il y avait quatorze circonscriptions dans la haute Égypte, sept dans la moyenne et trente-trois dans le Delta. Le personnel administratif, c'est-à-dire la corporation des scribes, était éminemment paperassier; il jouissait d'une foule de passe-droits, et nous avons eu l'occasion de montrer plus haut la situation favorable dans laquelle il se trouvait. On ne saurait mieux comparer cette vaste corporation qu'au mandarinat chinois : on y entrait et on y montait en grade à la suite d'examens.

CHAPITRE IV.

LES LOIS CIVILES ET CRIMINELLES.

Les anciens considéraient la législation de l'ancienne Égypte comme extrêmement sage, mais l'on ne possède que de rares renseignements originaux sur le droit criminel. Quant aux lois civiles, elles ne nous sont guère connues, si ce n'est en matière de contrats.

Le droit égyptien connut, comme les autres législations de l'Orient, les sûretés réelles. L'hypothèque était préférée au gage, les indigènes étant un peuple agriculteur, chez lequel le crédit était à long terme, et n'ayant pas besoin de sûretés pouvant se transmettre ou se réaliser rapidement.

La législation contractuelle date du roi Bokenranf qui, dans un « Code des contrats », octroya aux classes populaires le droit de posséder des immeubles, organisa la propriété foncière, régla ses modes de transmission et fixa les diverses conventions auxquelles elle pourrait donner lieu. Avant ce monarque, la majeure partie du peuple égyptien était incapable d'être propriétaire, et les contrats, non constitués régulièrement, n'étaient garantis que par le serment ou par une clause pénale. La vente avec fiducie pouvait porter sur les quatre classes de biens admises dans la vallée du Nil : 1° immeubles, 2° meubles, 3° choses se mouvant elles-mêmes (esclaves, animaux domestiques), 4° liturgies. Elle se faisait par un double écrit, l'écrit pour argent (*sanch*) et l'écrit de cession (*tioui*) : le premier transférait la propriété, le second la jouissance.

La gage, quoique moins répandu que l'hypothèque, existait cependant en Égypte, et portait sur les quatre classes de biens susnommées. Le débiteur donnait en gage un « écrit pour argent », qui transférait la propriété, mais il ne donnait point au créancier « d'écrit de cession », de sorte qu'il conservait la jouissance de l'objet gagé. C'est seulement dans le cas où, à l'échéance, le gagiste n'était pas payé qu'il pouvait obliger le débiteur à rédiger ce dernier écrit. On voit que la législation égyptienne est en contradiction absolue avec l'idée fondamentale du gage dans les législations modernes : aujourd'hui, en effet, le gage consiste dans la perte de la possession avec rétention de la propriété.

L'hypothèque se conférait par un acte signé de seize témoins au minimum, et le prêt est un des actes pour lesquels on avait hypothèque. Tous les biens pouvaient être hypothéqués, aussi bien les meubles que les immeubles, les esclaves que les liturgies, et l'hypothèque garantissait en général toutes les créances. Constituée par simple contrat, elle s'éteignait comme tous les droits accessoires, par la perte ou l'extinction de la créance principale ; elle s'éteignait aussi directement, car l'on pouvait renoncer à l'hypothèque, et l'on rencontre souvent de semblables renonciations à propos des hypothèques des femmes mariées.

Lorsqu'un fils de famille se mariait, il se reconnaissait débiteur d'une certaine somme envers sa femme, et celle-ci s'assurait de sa créance par une hypothèque légale sur les biens de son mari : or ces biens n'étaient souvent autres que ceux du père concédés au fils, soit comme donation, soit comme une part anticipée de succession, et ils étaient grevés de l'hypothèque légale de la mère. La mère abandonnait donc sa sûreté en adhérant au contrat de mariage. Tous ces points curieux ont été mis en relief par M. Eugène Revillout, professeur à l'école du Louvre.

Le roi Bokenranf posa en principe que la dette ne serait pas reconnue en Égypte, si le débiteur affirmait par serment solennel ne rien devoir à son créancier, lorsque celui-ci avait négligé de se munir d'un titre écrit, ou perdu celui qu'avait signé son débiteur de mauvaise foi.

La contrainte par corps n'existait pas en matière civile ou commerciale, la personne d'un citoyen étant la propriété du roi, qui avait le droit de réclamer ses services pour la guerre ou les travaux de la paix. En vertu de la même règle, les biens du débiteur pouvaient être engagés, mais jamais sa personne. — Hérodote dit que, dans certains cas, l'Égyptien ne pouvait emprunter qu'en mettant en gage la momie de son père : aucun des actes déchiffrés jusqu'ici ne confirme une telle assertion, et il est probable que cette croyance de l'hypothèque portant sur les restes d'un ancêtre doit être rattachée à la pratique d'hypothéquer les liturgies ou créances que les prêtres avaient sur les familles pour se faire payer leurs prières. L'historien grec aura mal interprété l'explication qu'il avait reçue sur ce point.

La condition juridique de la femme dans l'ancienne Égypte a fait l'objet d'un travail de M. G. Paturet, dans la collection des publications de l'école du Louvre. Selon l'auteur de cette étude, l'Égyptienne était l'égale de son mari, de même que, dans la famille, la fille était l'égale du fils, la sœur l'égale du frère. Dès que la femme avait atteint sa majorité, ou plutôt l'âge de raison, elle était capable de tous les actes de la vie juridique, c'est-à-dire qu'elle avait la faculté d'acquérir, de contracter et de s'obliger. Ses droits de succession étaient égaux à ceux de l'homme. Elle pouvait choisir à son gré son époux, et si dans quelques rares circonstances, en dépit de cette égalité parfaite, la femme était soumise à des règlements assez durs, c'était dans son intérêt et dans un but de salubrité que nous n'avons pas à expliquer ici.

« Au début de toute société, l'idée dominante est l'idée religieuse. Les peuples jeunes aiment à se rapprocher de la divinité, et tous les actes importants de la vie sont accompagnés chez eux d'une cérémonie religieuse. Les prêtres sont à la fois les législateurs et les juges; c'est à eux qu'on s'adresse pour les actes importants de la vie. L'Égypte n'a pas échappé à cette loi. Le mariage primitif y a été un mariage religieux. Quelles en étaient les formes? C'est ce qu'il est difficile de préciser, car nous n'avons sur ce point aucun document. Il y avait nécessairement des cérémonies et des formules sacramentelles. On devait rappeler le mariage type d'Isis et d'Osiris. On devait peut-être même installer la femme comme *nebt pa,* c'est-à-dire comme maîtresse de la maison. Quoi qu'il en soit, ce qui nous est attesté par tous les monuments, c'est que le mariage égyptien antique était un mariage des plus solennels, et surtout des plus vénérés. La fidélité était prescrite aux femmes, et même aux hommes, ce qui semble bizarre dans une région où la polygamie était permise. L'adultère était puni très sévèrement aussi bien chez l'homme que chez la femme. La loi égyptienne le regardait comme une violence faite à un être libre et la corruption d'un être innocent. Il est probable que, primitivement, il entraînait la peine capitale. Au moment où Diodore de Sicile visita l'Égypte, bien que la loi pénale se fût singulièrement adoucie, l'homme qui s'en était rendu coupable était encore condamné, soit à la mutilation, lorsque le crime avait été commis avec violence, soit à cent coups de verge s'il avait été consommé sans violence. La femme subissait la mutilation du nez. »

Dans le dernier état du droit égyptien, il y avait deux sortes de mariages. L'un, qu'on peut appeler servile, n'était pas sanctionné par la loi civile, mais placé sous la sauvegarde de la loi religieuse ; l'autre, dit mariage d'égalité, continuait, comme dans les temps primitifs, à mettre la femme sur le même pied que l'homme. Dans le premier cas, l'épousée donnait à celui qu'elle avait choisi comme maître, sa personne, ses biens, et jusqu'aux vêtements qu'elle portait au moment de son union. Dans le second cas, le mariage avait tous les effets prévus et réglés par la loi.

Vers le temps de Darius, sous l'influence des idées sémitiques et à l'imitation des Juifs, une troisième forme conjugale apparut en Égypte : le mariage basé sur contrat pécuniaire. Dans les contrats de cette époque que l'on a déchiffrés, on trouve toujours une clause pénale pour le cas de dissolution, et l'on sait que sous l'action de ce régime,

Fig. 40. — Horus, Osiris et Isis, sculpture égyptienne en or.

les divorces et les répudiations se multiplièrent outre mesure : l'époux aima mieux souvent subir les conséquences de cette clause et recouvrer sa liberté que de continuer une vie commune, rendue insupportable par les dissensions intérieures. Ce mariage était une véritable location, ainsi que M. Eugène Revillout l'a parfaitement établi. « La femme ainsi mariée, dit-il, ne dit pas : Où tu es le maître, je suis la maîtresse. On ne lui dit pas non plus : Je t'abandonne le « faire à toi mari » depuis le jour ci-dessus. Ce n'est pas là ce qu'elle veut, elle veut de l'argent, et cependant elle ne veut pas se vendre définitivement, entièrement. Elle veut vivre libre : elle se loue donc, car lorsque l'argent est la chose principale, et que la donation se trouve écartée, il n'y a pas de milieu entre la vente et la location. Ce mariage est à placer entre le mariage légal primitif et le mariage par exemption, il forme une espèce intercalaire, et au point de vue de la dignité de la femme une seconde espèce ; je dirais plutôt maintenant une troisième, car si la femme reste libre, si elle se loue, elle est inférieure comme valeur morale à celle qui se donne, elle, et ses enfants, et jusqu'aux vêtements qui sont sur son dos, à jamais. »

Le mariage pouvait être rompu par le divorce, et à côté du divorce existait la répudiation. Aucune autorité judiciaire n'intervenait dans l'un ou l'autre cas, mais la femme avait l'habitude de prendre ses précautions pour atténuer les conséquences matérielles d'une rupture : amende, dot fictive, abandon des biens par le mari au fils aîné.

Les Égyptiens ne connurent longtemps que la succession *ab intestat;* on peut même dire que l'hérédité testamentaire n'exista dans la vallée du Nil que bien après la perte de son indépendance, puisque ce mode de succession y fut importé par les Romains, qui donnèrent de tout temps la préférence au testament. La famille égyptienne était une sorte d'association qui possédait en commun tous les biens patrimoniaux. Si donc l'un des membres de la famille voulait avantager un étranger, il devait commencer par l'adopter pour le faire entrer dans l'association. Jusqu'à l'époque de Darius, on ne rencontre aucune vente d'immeubles compris dans une copropriété, mais seulement des contrats de location ou de partage. Comme conséquence, il y a égalité complète entre toutes les personnes appelées à une succession : la représentation existe, et enfants et descendants héritent par souches de parts semblables. La femme, égale de l'homme, a, dans l'ancien droit, les mêmes titres de succession que ses frères et opère même le partage en l'absence d'un fils aîné du défunt.

La femme avait la même capacité que l'homme non seulement au point de vue héréditaire, mais en quelque sorte à tout point de vue. Elle possédait un patrimoine propre, au sujet duquel elle pouvait faire tous les actes de disposition et d'administration. Sa dot même lui était rendue à la dissolution du mariage. D'ailleurs, en l'absence de contrat, et par conséquent sous le régime de la communauté, la femme gardait toujours ce qu'elle avait apporté au moment du mariage, son mari devait le lui rendre intégralement, et tout ce qu'elle acquérait par son travail ou ses revenus lui restait propre. Sa condition, en un mot, était préférable à celle de la femme chez tout autre peuple de l'antiquité.

Nous nous bornerons maintenant à rappeler brièvement

quelques dispositions de la législation criminelle. Le parjure était puni de mort. C'était pour tout citoyen un devoir de prévenir le crime et d'en poursuivre la répression. Celui qui, voyant un homme en danger, ne se portait pas à son secours était assimilé à l'homicide et puni comme tel : l'homme devait défendre son semblable contre un assaillant, le garantir de sa fureur ; s'il prouvait qu'il ne l'avait pu, il devait du moins dénoncer le coupable, au nom de l'intérêt général de la société. L'exercice de l'action publique appartenait donc à tous les citoyens, constituait l'un de ses premiers devoirs. Celui qui négligeait d'observer en cela les prescriptions de la loi était battu de verges, privé de nourriture durant trois jours. En revanche, l'accusateur convaincu de calomnie subissait la peine réservée à l'accusé en cas de culpabilité. Enfin, un criminel qui avait échappé au châtiment pendant sa vie ne pouvait se soustraire à celui qui l'attendait à l'entrée du tombeau : une voix accusatrice pouvait le priver des honneurs de la sépulture.

Le guerrier devait réparer par une action d'éclat une faute de désobéissance ou l'oubli des lois de l'honneur. On arrachait la langue à celui qui révélait aux ennemis les secrets de l'État ; on coupait la main à celui qui falsifiait les poids, les mesures, le sceau des princes ou celui des particuliers, ainsi qu'au scribe qui fabriquait de fausses pièces ou qui altérait la copie de celles qu'il délivrait. Dans tous ces cas, le châtiment avait pour objet d'empêcher la récidive, en privant le coupable de la langue, de la main, etc., suivant qu'il avait commis une faute au

Fig. 41. — Travaux publics. Transport d'un colosse, tiré d'une tombe à El-Bershéh.

moyen de la langue, de la main, etc. Le parricide était puni de la torture et du bûcher. Le père ou la mère qui tuait son enfant était obligé de tenir le cadavre embrassé pendant trois jours et trois nuits. L'homicide était puni de mort. Le roi Bokenranf substitua généralement à la peine de mort celle des travaux publics, notamment la construction des digues et l'exhaussement du sol des villes par des terrassements. Tout individu était tenu de donner par écrit, chaque année, au magistrat du pays qu'il habitait l'indication de sa profession et de l'industrie qui pourvoyait à subsistance : la loi punissait de mort celui qui faisait une déclaration fausse ou gagnait sa vie par des moyens illicites. Celui qui avait tué un esclave était exécuté au même titre que s'il eût tué un homme de sa classe.

La peine de mort avait deux formes : la pendaison et la décapitation. S'il s'agissait d'un personnage de haut rang, coupable d'un crime d'État, on lui permettait de choisir le genre de mort et de se tuer lui-même. La désertion entraînait, non la mort, mais l'infamie, qui ne pouvait, nous l'avons dit, être effacée que par un exploit.

Pour la punition, non plus des crimes, mais des simples délits, la législation égyptienne avait l'emprisonnement et la bastonnade, surtout la bastonnade, qui n'a point encore disparu de la vallée du Nil.

Les Égyptiens avaient la main crochue : ils étaient un peuple voleur. Nous n'en voulons pour preuve que le témoignage de Diodore de Sicile. Selon lui, tout individu qui voulait exercer la profession de voleur se faisait inscrire chez le chef reconnu des gens de cette classe et lui rapportait tout le fruit de son honnête industrie. Ceux qui avaient été volés en faisaient chez le même chef une déclaration écrite, en y ajoutant une description circonstanciée des objets réclamés, avec l'indication du temps et du lieu où ils leur avaient été enlevés. Sur ces renseignements, les objets étaient reconnus, leur valeur fixée, et le propriétaire en abandonnait le quart à la corporation des voleurs. Le vol, tenu pour non avenu, n'était plus punissable.

L'administration judiciaire était indépendante du pouvoir royal, qui intervenait seulement soit pour l'exécution des sentences capitales, soit dans les crimes politiques, tant pour nommer des commissions spéciales que pour statuer en dernier ressort. La juridiction ordinaire et régulière était aux mains des prêtres. Quand une instance était ouverte, l'objet de la demande était exposé par écrit, le défendeur répondait par le même moyen, et tous deux avaient ensuite le droit de réplique par écrit; jamais les affaires ne se traitaient de vive voix, afin de prévenir, disait-on, tout ce qui pouvait troubler l'impartialité du juge en excitant ses passions. Après les répliques, le tribunal devait prononcer son arrêt, qui était rendu par écrit et scellé du sceau du président, lequel portait au cou une chaîne d'or. A cette chaîne était suspendue l'image de la déesse Mâ, la Vérité et la Justice. Une fois l'arrêt rendu, les deux parties entraient dans la salle des audiences : le président faisait connaître la décision de la cour en tournant l'image de la déesse Mâ vers celui des plaideurs, dont le bon droit était reconnu. L'appel n'existait pas.

Les Égyptiens pensaient « que les avocats, ainsi que le rapporte Diodore, ne font qu'obscurcir les causes par leurs discours, et que l'art de l'orateur, la magie de l'action, les larmes de l'accusé entraînent souvent le juge à fermer les yeux sur la loi et sur la vérité. Ils croyaient mieux juger une affaire en la faisant mettre par écrit et en la dépouillant des charmes de la parole. Ils accordaient un délai suffisant aux plaignants pour exposer leurs griefs, aux accusés pour se défendre, aux juges pour se former une opinion. » Lorsqu'un délit avait été commis, l'accusé ne comparaissait jamais devant la commission d'enquête ; l'instruction était dirigée par un magistrat délégué, ou parfois par quelques membres du tribunal. L'interrogatoire avait lieu dans la prison. Les juges rendaient leur arrêt sur les pièces écrites fournies par le juge d'instruction et sur l'interrogatoire, et l'audience publique n'avait d'autre objet que la notification solennelle du jugement. Toute sentence capitale devait être soumise au pharaon qui, s'il l'approuvait, devait envoyer l'exécuteur chargé d'appliquer la peine.

De tous les arrêts et pièces judiciaires que renfermaient les archives de l'ancienne Égypte, deux seulement ont été publiés jusqu'ici : le papyrus de Turin et le papyrus Abbott. Ce dernier, qui donne le compte rendu d'une enquête judiciaire à Thèbes sous la XXe dynastie, a été traduit en français par MM. Chabas et Maspero. Il s'agit d'un certain nombre de malfaiteurs, coupables d'avoir violé des sépultures. Cette bande de sacripants comprenait des scribes, des officiers civils et militaires, et même des prêtres, qui s'étaient laissés tenter, malgré la sévérité des lois, par les trésors accumulés dans les chambres sépulcrales. Meubles, habits, bandelettes, bijoux, tout était de bonne prise pour eux, et ils poussaient la rapacité jusqu'à gratter la mince couche d'or qui souvent recouvrait les cercueils ou les stèles; c'est à peine s'ils respectaient les figures ou les noms des divinités. Les voleurs dont parle le papyrus Abbott n'avaient même pas épargné les tombes royales de la nécropole thébaine! Une commission d'enquête se mit à l'œuvre immédiatement, sous la présidence du monarque; elle constata les dégâts commis dans le quartier funéraire, fit lier et emprisonner les prévenus, ordonna à un magistrat instructeur de les interroger dans leur prison et soumit sa sentence au pharaon lui-même. Deux scribes furent reconnus coupables et exécutés. Quant à leurs coprévenus, qui exerçaient la profession de ciseleur, ils réussirent à se justifier. La commission d'enquête ayant conclu à leur acquittement, le tribunal adopta ces conclusions et fit sur-le-champ enregistrer l'arrêt.

Les crimes qui, par quelque point, touchaient à la religion, étaient punis de mort, après arrêt d'un tribunal spécial.

CHAPITRE V.

MŒURS ET COUTUMES; INDUSTRIE.

L'intérieur des familles égyptiennes dénote des mœurs douces et des habitudes d'affection. On voit un de ces intérieurs peints dans un tombeau de Gournah. Une mère de famille rentre chez elle avec ses trois filles d'âges différents, suivies d'un vieux serviteur et d'une servante d'un âge mûr. Après avoir traversé une première pièce, elles se trouvent dans la seconde, qui en précède plusieurs autres ; trois jeunes femmes de service viennent au-devant d'elles, et leur présentent respectueusement des fruits et des rafraîchissements ; dans l'antichambre, une des trois filles se désaltère, pressée par la soif, tandis que la servante distribue des fleurs et des joujoux à une petite fille et à un petit garçon sans vêtements, accourus vers la porte à la rencontre de leur mère. L'autorité paternelle fut toute-puissante en Égypte par les mœurs plutôt que par les lois : le vieillesse était vénérée ; lorsque les jeunes gens rencontraient un vieillard, ils lui cédaient le chemin et se rangeaient de côté.

Les habitations particulières étaient vastes et à plusieurs étages. Les chambres qui les composaient avaient des destinations analogues aux chambres modernes. On voit, d'une part, de grands approvisionnements de comestibles variés, empilés sur des tablettes ; d'un autre côté, le sol est couvert par une natte tressée en joncs de couleurs diverses ; de petites fenêtres grillées éclairent les pièces du rez-de-chaussée ; et au premier étage, habitation pour la nuit, on ne voit, comme on l'observe aujourd'hui dans toutes les villes d'Égypte, que de très petites croisées. Les couleurs de la peinture qui nous fournit ces détails indiquent que ces fenêtres étaient à deux vantaux, garnis de carreaux en verres de couleur. Un grenier ouvert sur les côtés et une terrasse terminaient le bâtiment.

Un jardin était la dépendance nécessaire des maisons de cet ordre ; des arbres fruitiers en plein vent, parmi lesquels on distingue le grenadier et le citronnier ; des arbres d'agrément de forme pyramidale, des bosquets de verdure et des berceaux de vigne, en faisaient une possession à la fois utile et agréable. Ces vignes étaient régulièrement arrosées, et l'on vendangeait pour cueillir les raisins que la consommation journalière avait épargnés. Le raisin coupé était transporté avec des paniers dans une cuve placée entre deux palmiers ; il y était immédiatement foulé par des hommes qui se soutenaient à une corde tendue d'un palmier à l'autre. On emportait aussi du raisin pour la consommation de la maison ; on prenait note du nombre des paniers ; on infligeait une bastonnade au domestique qui, durant les vendanges, n'avait pas été sobre et fidèle. Il y avait dans la maison des pièces destinées à recevoir toutes sortes de provisions en fruits, vin, pains, gâteaux, poisson, volailles et gibiers salés. Les viandes fraîches de bœuf, de chèvre et de mouton, étaient d'un usage général. La viande de porc était proscrite ; cet animal était considéré comme immonde, au point, dit Hérodote, que si un Égyptien touche en passant un de ces animaux, même seulement par ses vêtements, il court sur-le-champ vers le fleuve et s'y plonge. Aussi était-il interdit aux gardiens de porcs d'entrer dans les temples, et ces hommes, rejetés

Fig. 42. — La cueillette des raisins, d'après un tombeau à Saqqarah.

même des rangs les plus infimes de la société, ne trouvaient à se marier qu'avec les filles de leurs pareils. Cependant, d'après un usage immémorial, il y avait un jour de l'année où l'on immolait un porc au dieu Set, et ce jour-là, il était permis aux Égyptiens de manger, par exception, la chair de la victime. L'usage des fèves était aussi expressément défendu ; on n'en semait point, et les plants qui pouvaient naître par hasard étaient soigneusement arrachés. Ce légume était déclaré impur. Hérodote rapporte que les Égyptiens prenaient leurs repas hors de leurs maisons; mais il ne reste sur les monuments connus aucune preuve d'un tel usage.

La nourriture ordinaire de la population entière était le pain fait avec la farine du grain qu'Hérodote nomme *sorgho* et qui est le *doura,* espèce de maïs d'un usage encore général dans l'Égypte moderne. Outre les viandes et les poissons, le miel et plusieurs sortes de fruits entraient dans la nourriture habituelle des Égyptiens ; de ce nombre étaient le raisin, la grenade, les dattes, la figue, la banane, plusieurs espèces de melons et de pastèques, l'oignon et les autres légumes dont le climat permettait la culture. On voit aussi dans les musées quelques-unes de ces productions, qui nous sont parvenues, après avoir séjourné bien des siècles dans les sépultures ; on y remarque le fruit du palmier *doum,* les mirobolans ou bélanites, les raisins de Damas et de Corinthe, le fruit du lotus qui, selon Homère, faisait oublier leur patrie aux étrangers qui en goûtaient, le citron et la grenade, le *misnusops-el-engi,* originaire de l'Inde; le ricin, qui fournissait une huile à brûler ; les dattes du palmier ordinaire ; le fruit de l'acacia hétérocarpe ; le blé commun, la figue du sycomore; et, parmi les autres productions d'un emploi fréquent dans les usages domestiques, la cire, la gomme-résine, le vernis composé avec la racine du cèdre, le baume funéraire, qui est un mélange d'asphalte ou bitume de Judée avec des substances aromatiques, analogues au gingembre et à l'amomum; la gomme arabique, conservant encore toutes ses propriétés ; enfin, le beurre de muscade ou cinnamomum des anciens.

MŒURS ET COUTUMES.   127

Une peinture funéraire de la plus haute antiquité nous permet de nous rendre compte de la vie intérieure d'une famille égyptienne composée du mari, de la femme, de sept enfants, d'une nourrice et de sa fille, d'une autre femme et de son fils. Ces treize personnages sont toujours

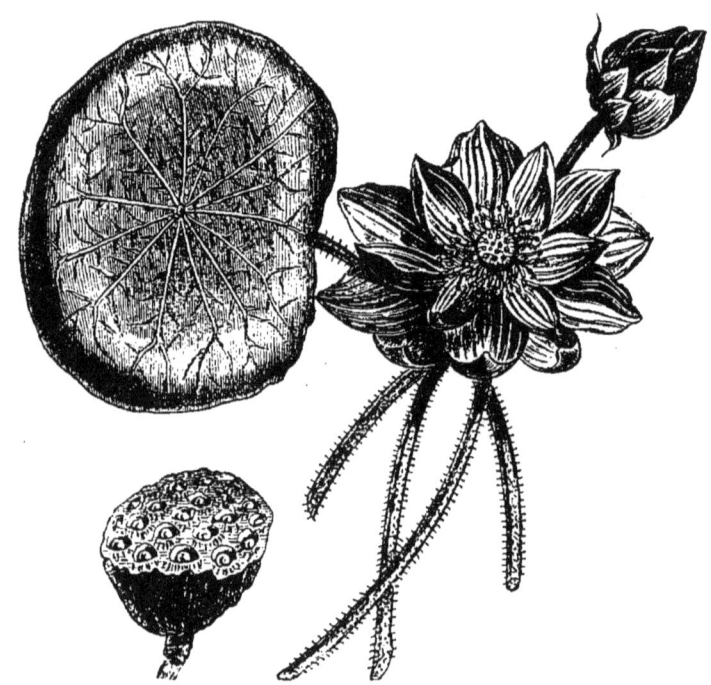

Fig. 43. — Fleur et fruit du lotus.

présents dans les scènes relatives aux usages de la maison de ville et à ceux de la maison de campagne. Au service de la première nous trouvons attachés trois prêtres et quatre jeunes clercs, chargés du service religieux intérieur, chaque particulier voulant établir chez lui des chapelles pour les dieux du pays et de la contrée, à la condition de pourvoir aux dépenses du culte et des cérémonies. Après eux viennent les *grammates* ou secrétaires, soit pour les choses religieuses, soit pour les affaires civiles. Le valet de chambre, domestique de confiance, est auprès du maître. Venaient ensuite l'intendant de la maison, portant un bâton courbé pour marque de son autorité ; la ménagère, appelée la gardienne des vivres ou des offrandes, et qui avait deux

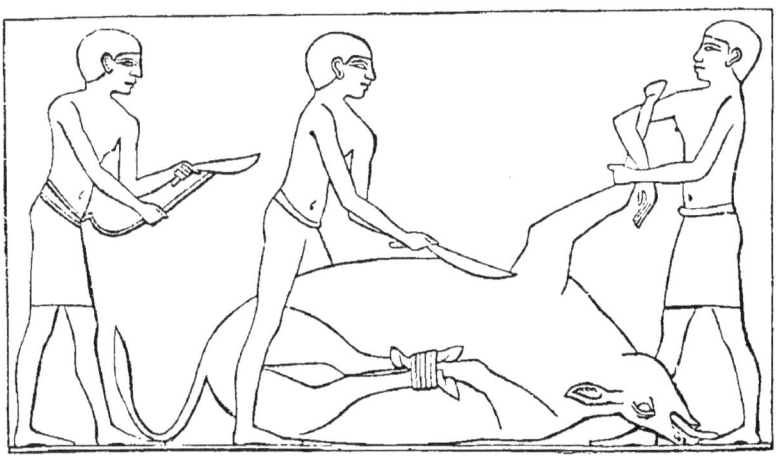

Fig. 41. — Abatage des animaux d'offrande.

filles ; l'homme chargé du soin des sièges, et le porte-siège du maître ; le vannier et sa femme, à qui était laissé le soin des nombreux ustensiles et meubles en vannerie ; les jardiniers et leurs aides, l'intendant de la maison rurale et sa femme ; les conducteurs de bœufs, de veaux, de chèvres, et les porteurs de lièvres, de hérissons, etc. ; le surveillant des chemins aboutissant à la maison du chef ; les portiers ; les pêcheurs et les chasseurs ; les employés au sacrifice domestique des bœufs et autres animaux. Ces emplois étaient subdivisés en fonctions spéciales, et toutes celles qui viennent d'être indiquées sont relatives à l'intérieur de l'habitation.

Dans ce qui est de l'extérieur, on peut classer le blanchissage du linge, qui employait sept personnes, y compris le chef de la lingerie. Il y avait ensuite le scieur de bois, le menuisier, le potier de terre, les bûcherons occupés à fendre le bois, les charpentiers, les constructeurs de barques, les porteurs de la litière du maître, les mariniers et les rameurs pour les voyages sur le Nil, sous les ordres d'un chef de tout le service du voyage; un officier

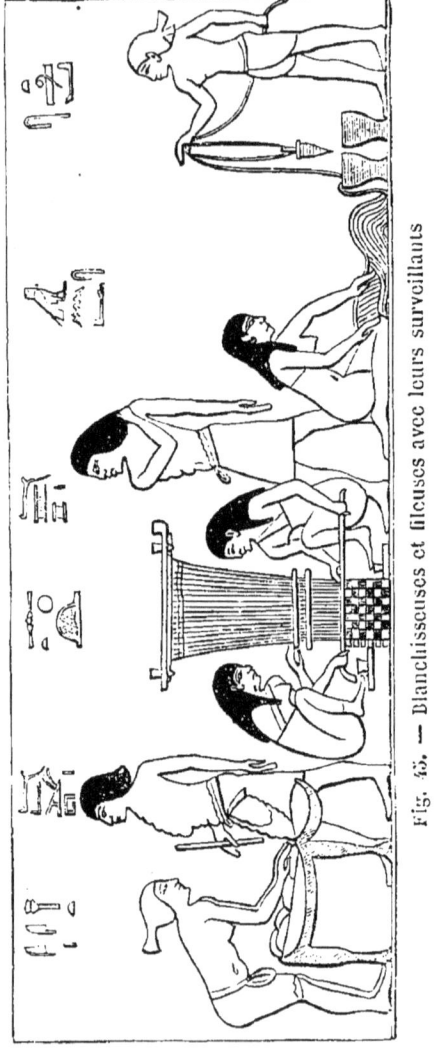

Fig. 45. — Blanchisseuses et fileuses avec leurs surveillants

de navigation, le directeur pour le mât et le timonier chef du gouvernail. Au nombre des serviteurs nécessaires étaient aussi tous ceux qu'exigeait la boulangerie, les femmes occupées à filer le lin, à démêler les écheveaux, à les dévider, à tordre le fil au fuseau et à ourdir la toile au métier, sous les ordres du chef du tissage. Une foule de serviteurs subalternes, attachés à chaque partie du service intérieur et extérieur de la maison de ville, se voient aussi dans les scènes où ces détails sont figurés.

La maison de campagne avait aussi un nombreux domestique. A la suite du jardinier étaient les garçons chargés de cueillir et de conserver les fruits, tels que les ananas, les figues et les légumes rangés dans les serres pour l'hiver. Le berger en chef et les pâtres s'occupaient d'une partie très importante de la propriété rurale, l'éducation des bestiaux étant en grande vogue et très développée en Égypte; aussi voit-on dans la liste des serviteurs non seulement le médecin vétérinaire, mais les valets de ferme chargés spécialement du soin de certains animaux : un pour les chèvres, un autre pour les oies et les canards, un troisième pour les moutons. Sous les ordres du chef des bouviers étaient placés ceux qui dirigeaient la race bovine, mission très importante, car il paraît que le combat des taureaux entrait dans leur éducation ou comme moyen d'améliorer la race, ou comme spectacle donné au maître de la maison; c'est le chef des bouviers qui préparait les taureaux à cet exercice. Les chefs de chacun des services venaient prendre directement les ordres de leur maître, ayant leur main droite posée sur l'épaule gauche, et leur autre bras pendant, en signe de respect; il en était de même du gardien et du conducteur des ânes et de ceux des bouvillons. Des chiens d'espèces diverses appartenaient à la maison, et ils avaient aussi leurs gardiens pour les soigner.

Dans les représentations picturales, le maître de la maison se reconnaît à la longue canne qu'il tient à la main ou sur laquelle il s'appuie pour se reposer, ce qui a fait dire à un novice interprète des symboles de l'antique Égypte,

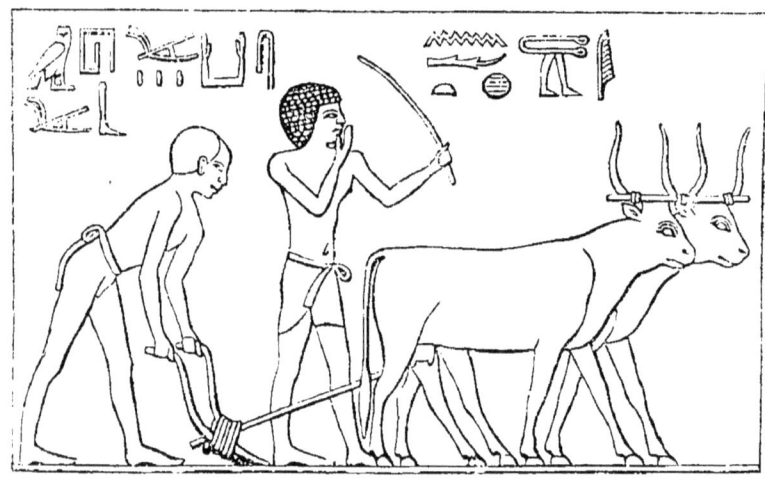

Fig. 46. — Labourage.

que le bâton y figurait comme le plus ingénieux emblème de l'autorité et du gouvernement, et il ne trouve pas tout à fait bon que les sociétés modernes aient adopté des signes et des moyens un peu moins significatifs. Des scènes civiles, peintes dans les tombeaux, nous portent à croire que le chef de famille était revêtu d'une grande autorité dans sa maison, et qu'il avait sur tous ses serviteurs le droit de haute et basse justice. Ainsi, des employés infidèles sont représentés, au temps de la vendange, prosternés à terre sur leurs genoux et leurs mains, recevant en présence de leur maître des remontrances et la bastonnade; ailleurs, le chef des bergers dénonce un des gardiens des vaches : il s'agit d'un veau; l'accusé se défend; des membres épars d'un bouvillon sont exhibés comme pièces de conviction, et le gardien reçoit encore la bastonnade en présence de son maître, qui a prononcé contre lui.

A ces détails si curieux de l'intérieur des maisons égyptiennes, nous aurions encore beaucoup à ajouter, si nous devions dire tout ce que les monuments nous apprennent à la fois et sur les occupations et sur les amusements des habitants des bords du Nil septentrional. La chasse et la pêche étaient pour eux des distractions d'un usage général. On chassait aux oiseaux et aux quadrupèdes ; des lévriers couraient l'autruche et la gazelle ; la flèche atteignait le quadrupède du désert, le filet enlaçait le volatile aquatique, et les peintures de ces scènes si riches de détails inconnus nous montrent en même temps les diverses espèces d'animaux recherchés ou pris par les chasseurs, les chiens employés à les poursuivre, ainsi que toutes les ressources de la pêche à la ligne, à la cordelle, au filet et au trident. La préparation de tous ces comestibles, résultats de l'industrieuse activité de l'homme, est le sujet d'une partie des décorations égyptiennes, et comme pour assurer aux curieuses recherches des temps futurs une entière satisfaction, les Égyptiens n'oublièrent pas les scènes joyeuses qui animaient des délassements plus bruyants : des musiciennes jouant de la harpe, montée de cordes nombreuses, de la lyre, du théorbe et de la double flûte, exécutent des chants

Fig. 47. — Musique et jeux, d'après une peinture égyptienne.

accompagnés de ces instruments ; des danseuses, couronnées de fleurs et de guirlandes de verdure, figurent des scènes animées au bruit du tambour de basque ; d'autres montrent leur habileté dans le jeu des balles, la saltation et les tours de force ou d'agilité ; enfin, des hommes accroupis devant des tables basses, jouent aux dames ou aux échecs avec des pièces nombreuses, mobiles, et de couleurs différentes.

Les habitants de l'ancienne Égypte avaient les cheveux et la barbe complètement rasés. Pour défendre leur crâne contre les ardeurs du soleil, ils portaient une perruque de cheveux montés sur une espèce de tulle ou bien une petite coiffe d'étoffe ; les femmes elles-mêmes préféraient le plus souvent porter aussi des perruques plutôt que de garder leur chevelure naturelle. Quand on perdait quelqu'un des siens, c'est alors seulement qu'on laissait pousser barbe et cheveux. Une barbe postiche et tressée était la marque d'une haute situation ; plus elle était longue, plus le fonctionnaire avait un grade élevé. Celle des rois avait une longueur de plusieurs pouces et était taillée en carré ; les images des dieux en possédaient de plus longues encore, s'enroulant en avant sur elles-mêmes à l'extrémité.

Les vêtements des Égyptiens étaient faits avec du lin, à l'exception d'un manteau de laine blanche, dont ils s'enveloppaient, mais qu'ils ne devaient porter ni dans les temples de leur vivant ni dans la tombe : la loi religieuse le voulait ainsi. La principale pièce du vêtement masculin était le *schenti*, sorte de pagne court en toile de lin, s'enroulant autour des reins. On portait quelquefois par-dessus une espèce de chemise étroite et sans manches, attachée au col, venant jusqu'à mi-cuisse, et serrée à la taille par une ceinture.

Le costume des Égyptiennes se composait principalement d'une longue chemise étroite, sans manches, attachée au cou et descendant jusqu'aux pieds, qui est maintenant encore tout l'habillement des femmes fellah. Dans la maison et pendant la durée du deuil, les femmes de la plus haute condition ne portaient que cette chemise, mais elles avaient pour toilette de ville une ample robe, descendant jusqu'aux pieds et serrée à la taille par une longue ceinture ; cette robe était fréquemment en mousseline transparente. Les femmes du peuple relevaient la chemise sans manche, de manière à former une poche où elles plaçaient leurs enfants pour les porter.

Les femmes se fardaient et se garnissaient le bord des paupières de poudre d'antimoine pour s'agrandir les yeux et leur donner plus de vivacité. Celles qui avaient de la fortune portaient beaucoup de bijoux : bagues à presque tous les doigts, surtout à ceux de la main gauche, bracelets aux jambes et aux bras, colliers, pendants d'oreilles, épingles de tête. Que leurs cheveux fussent ou non naturels, les Égyptiennes les portaient en nombreuses tresses, tombant sur les épaules et attachées par un gland de laine de couleur. Le haut de la tête était revêtu d'un filet de perles d'émail, garni sur le front d'une fleur de lotus. A mi-longueur des tresses, une bandelette les retenait pour éviter le désordre de la chevelure. Cet amour du luxe n'était pas particulier aux femmes. Les hommes se paraient aussi de bijoux, quelquefois de bracelets, mais le plus souvent de gros anneaux à chaton gravé. Certains colliers d'or servaient de décorations et étaient le prix d'actes de bravoure ou d'importants services civils.

Les gens des classes élevées portaient seuls des chaussures, sortes de pantoufles en cuir ou de sandales laissant

Fig. 48. — La chasse.

le pied à découvert, et relevées à l'extrémité par une pointe recourbée. On devait les quitter pour entrer dans les temples ou dans le palais du roi, à moins que celui-ci n'eût accordé la haute faveur de se présenter chaussé devant lui.

La population libre qui n'appartenait ni au corps sacerdotal ni au corps militaire était très nombreuse. On y comprenait les agriculteurs, les chasseurs, les mariniers, etc. Toutes les grandes maisons avaient un chasseur à leur service pour les fournir de gibier et accompagner le maître à la chasse. Dans les fermes, un homme était chargé de la destruction des animaux nuisibles. Les mariniers transportaient par les canaux les marchandises chargées sur les bâtiments, ainsi que les matériaux servant aux constructions ; pendant l'inondation périodique du Nil, leurs services étaient indispensables.

Les ouvriers et les marchands étaient organisés en corporations. Les carnets de contre-maîtres qu'on a retrouvés montrent qu'on payait les premiers non en argent, mais en nature, et qu'une distribution de vivres leur était faite tous les mois. Soit que la quantité allouée fût réellement insuffisante, soit que l'ouvrier ne ménageât pas ses provisions pendant les premiers jours, durant la seconde quinzaine il criait misère. Il se plaignait au fonctionnaire compétent, car l'État intervenait encore dans ces litiges d'un caractère pourtant tout privé. « Mais la bureaucratie d'alors ne le cédait en rien à celle que l'Europe nous envie. La requête était d'abord apostillée, puis elle passait dans une autre main. C'était une feuille ajoutée à la première, et quand il y en avait seize, le dix-septième scribe avisait au moyen de ne pas consulter un dossier aussi volumineux. Alors les ouvriers, ainsi éconduits, allaient s'asseoir en cercle sur les marches du temple voisin, attendant le prêtre pour lui demander du pain. Le prêtre se rendait à leur prière ou passait son chemin. Il importait peu : l'on était arrivé à la fin du mois. Encore si la leçon eût profité ! mais, aussitôt les galettes mensuelles distribuées, on recommençait à manger sans compter, et bientôt on retombait dans la même détresse. Les patrons essayèrent de distribuer les rations le premier et le quinze, mais ils n'en rendaient pas l'ouvrier plus soucieux du lendemain. Vers le 10 et le 25, les mêmes plaintes se reproduisaient, avec le même insuccès. »

Ces curieux détails ont été donnés par M. Maspero au

Fig. 49. — Ouvriers fabriquant de la brique, d'après une peinture funéraire de Thèbes.

cours d'une conférence faite par le savant égyptologue à la Société historique.

Des peseurs publics étaient envoyés par le roi sur les marchés pour vérifier le poids des marchandises vendues, lorsque l'acheteur avait un soupçon sur la quantité distribuée par le marchand. Les interprètes formèrent, lorsque les rapports commerciaux avec les autres peuples se furent développés, un important corps de métier.

Les pasteurs, inférieurs aux laboureurs dans la hiérarchie

140   LA TERRE DES PHARAONS.

sociale, étaient uniquement chargés de l'élève du bétail.

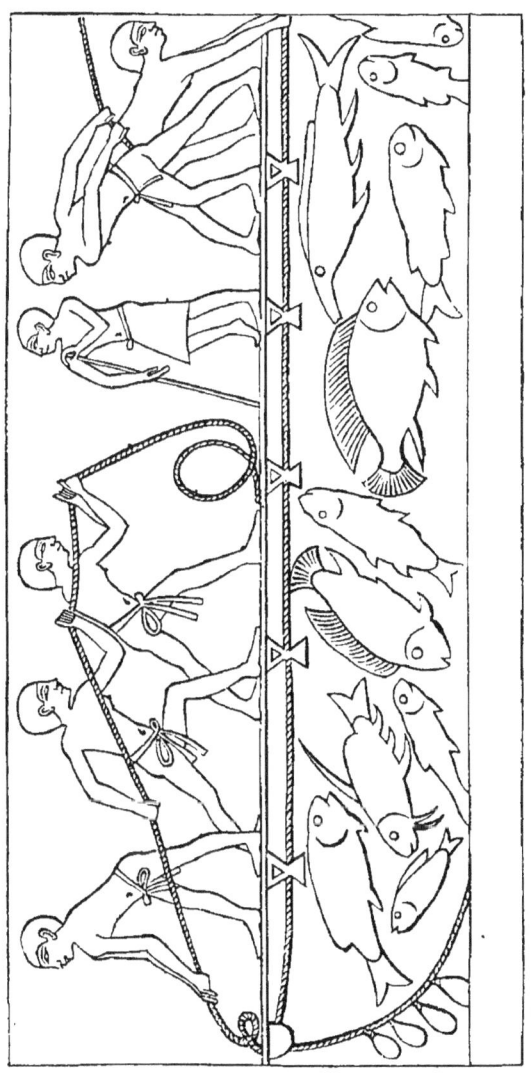

Fig. 30. — Pêche au filet.

Pour la plupart étrangers et nomades, ils vivaient en mauvaise intelligence avec la population sédentaire. Ils avaient adopté les mœurs égyptiennes, mais ils se livraient au brigandage et causaient des dommages continuels aux habitants paisibles. Quant aux porchers, on a vu plus haut qu'ils étaient mis au ban de la société. Les pêcheurs étaient également considérés comme impurs. Leur métier était extrêmement dangereux, à cause des innombrables

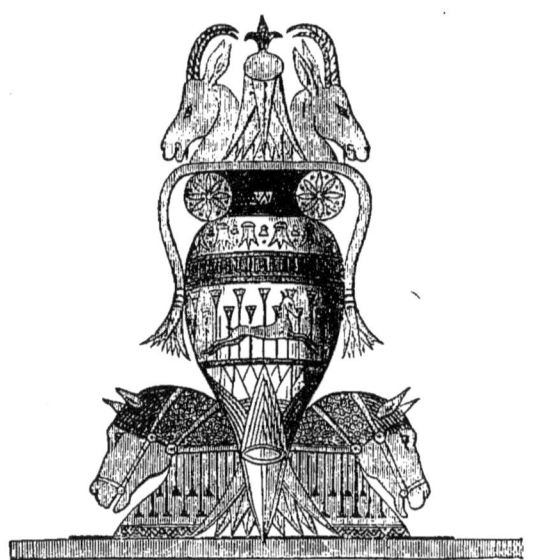

Fig. 51. — Vase égyptien antique.

crocodiles qui peuplaient le Nil. Les Égyptiens consommaient une quantité considérable de poisson.

L'esclave, qui tenait le dernier rang, comme dans tous les pays où il y a eu des esclaves, avait une condition relativement douce, autant du moins que la vie peut être douce en dehors de la liberté. Il était inscrit sur les registres de l'état civil avec le citoyen; il pouvait quitter le service d'un maître qui avait abusé de son autorité ; il avait une généalogie, des enfants à lui et non à son maître ; il avait la faculté, dans certains cas et à certaines époques, de revendiquer sa libération. En un mot, il était traité en homme. Quelle différence entre cette servitude et celle de la loi des Douze Tables ! En Égypte, l'esclave n'est pas son maître, mais il est un homme. A Rome, en Grèce, l'esclave n'est pas son maître, et de plus il n'est qu'une chose, qu'une propriété susceptible de tous les démembrements, qu'une victime du caprice ou de la brutalité de son maître.

Les artisans de l'ancienne Égypte excellaient à donner

Fig. 52. — Bague égyptienne.

un caractère d'élégance artistique à tout ce qui sortait de leurs mains. Les potiers savaient se servir du tour pour donner à leurs vases des formes régulières. La poterie commune était de terre rougeâtre ou jaunâtre, à deux ou trois anses, et l'on a trouvé dans les nécropoles des vases conjugués communiquant par un tube. La faïence égyptienne est composée d'un sable blanc revêtu d'une glaçure verte ou azurée (silice et soude additionnés d'une matière colorante) : elle servait à fabriquer des vases, des flacons, des tuiles, des carreaux, des statuettes, des figurines, des objets de parure. Les sculptures qui ornent les faïences ont, en général, peu de valeur, sauf celles des carreaux qui recouvraient les murs de certains édifices.

L'industrie du métal existait dès la fin de l'ancien empire. Les fondeurs savaient allier au cuivre les parties d'étain qui lui donnent sa consistance, et le bronze était employé à toutes sortes d'usages domestiques : manches de miroir, épingles, poignards. L'or était tiré des montagnes du désert et de l'Éthiopie ; l'argent, exporté d'Asie, paraît avoir été rare. Ces métaux précieux servirent à fabriquer des bijoux merveilleusement travaillés (bagues, colliers, pendants d'oreilles) ; le musée du Louvre en possède de beaux spécimens, et aussi des pierres fines, des objets en ivoire, car les bijoutiers savaient enchâsser dans l'or des plaquettes découpées de cornaline, de lapis-lazuli ou de verre. En effet, la fabrication du verre était connue des

Fig. 53. — Fauteuil (tombeau de Ramsès III).

Égyptiens, et Hérodote s'extasie devant les « magnifiques ouvrages » en verre de plusieurs couleurs qu'ils produisaient, vases, coupes, patères, gobelets, perles, amulettes, figurines.

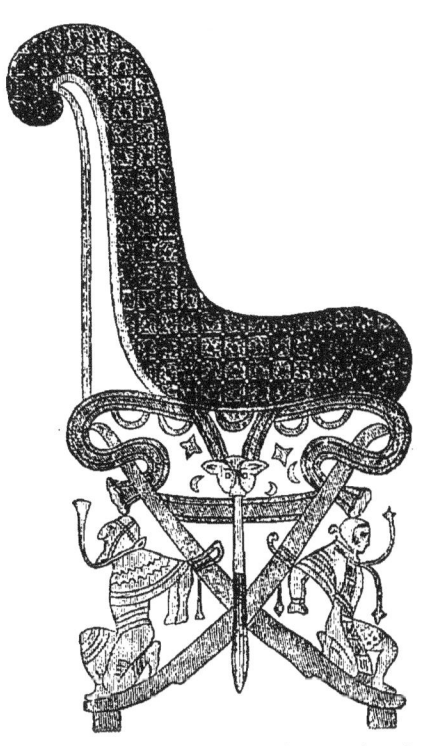

Fig. 54. — Fauteuil (tombeau de Ramsés III).

L'art de l'ébéniste fut poussé très loin. Sièges avec ou sans bras, pliants, tabourets de pieds, consoles, tables, cabinets, coffrets, étaient habilement travaillés, et l'on doit mentionner, parmi les objets en bois qui nous sont parvenus, des jouets d'enfant, des boîtes, des cuillers à parfum, des têtes de canne. Les cercueils, parfois en carton très épais, étaient le plus souvent en bois.

Tous les motifs d'ornement, peints ou ciselés sur les ouvrages de céramique, d'orfèvrerie et de bois, se retrouvent sur les étoffes, les broderies à l'aiguille, les mousselines. Un grand nombre d'ouvriers étaient employés au tissage et à la teinture de ces étoffes, pour la fabrication desquelles on se servait de lin, de laine et de coton.

Dès que les étrangers connurent ces produits, ils ne résistèrent pas au désir de les acheter et d'en faire le trafic. Le commerce de l'Égypte commença à se développer sous les princes thébains. L'Égyptien était trop attaché au sol natal pour s'aventurer au dehors et risquer de ne pas recevoir en terre étrangère, s'il venait à mourir, les soins funéraires, mais les Phéniciens vinrent chercher dans le Delta les produits de sa riche industrie pour aller les vendre au dehors. Grâce à ces hardis navigateurs, le pays des pharaons eut un commerce d'exportation très étendu, sans avoir de marine marchande, et presque partout où vinrent aborder les bâtiments de Tyr et de Sidon on a retrouvé des objets d'origine égyptienne.

CHAPITRE VI.

L'ART ÉGYPTIEN.

C'est l'architecture qui tient le premier rang dans les arts de l'Égypte, c'est par elle que doit nécessairement s'ouvrir toute étude sur l'œuvre plastique de ce pays.

En principe, les lignes horizontales prédominent sur les lignes verticales ou inclinées. Il en résulte que les édifices se développent en longueur beaucoup plus qu'en hauteur, et présentent un aspect massif, trapu, qui est en parfaite harmonie avec le paysage. Les faces, presque dépourvues d'ouvertures, sont pleines et lisses. Les matériaux le plus fréquemment employés sont le granit, et, pour les revêtements, l'albâtre; mais les Égyptiens ont aussi recouru à la brique cuite ou crue. Quant aux éléments de construction horizontaux, ils sont au nombre de deux, les assises et les architraves, ces dernières étant portées par des supports verticaux ou colonnes.

Les vastes surfaces des édifices égyptiens sont décorées de peintures ou de bas-reliefs : les habitants de la vallée du Nil ont tiré de la polychromie le plus brillant parti, bien qu'ils aient été trop loin en couvrant absolument comme d'une tapisserie continue tous les murs de leurs constructions. L'utilité des contrastes leur a échappé.

Fig. 55. — Le sphinx et les pyramides.

Si l'on se rappelle ce que nous avons dit des croyances religieuses de l'Égypte, on ne s'étonnera pas de l'importance qu'avait, dans le pays des pharaons, l'architecture funéraire. La tombe de l'ancien empire, le *mastaba*, se compose d'une partie construite et d'une partie souterraine creusée dans le roc, la première renfermant une chambre, la seconde contenant un puits et un caveau. Mais le *mastaba*, c'est la tombe privée, et pendant la même période, la tombe royale revêt une autre forme : la *pyramide*, qui, comme le *mastaba*, se compose d'un puits et d'un caveau. Pour la chapelle (si l'on peut ainsi appeler la chambre où se réunissaient les parents du défunt), elle s'élevait à quelque distance de la face orientale de la pyramide.

Nous emprunterons à G. Ebers le récit de la visite qu'il fit aux monuments élevés par Khoufou, Khâfri et Menkeri :

« Nous nous arrêtons devant la plus grande de ces œuvres humaines, que les anciens vantaient comme l'une des « merveilles du monde ». Il est inutile d'en décrire la forme : chacun connaît la figure géométrique à laquelle elles ont donné leur nom, et ce n'est pas ici le lieu d'exprimer en chiffres leur volume. C'est seulement en les comparant à d'autres monuments dont l'image est présente à notre esprit, que nous pouvons nous donner une évaluation exacte de leur grandeur. Disons une fois pour toutes que Saint-Pierre de Rome a 131 mètres de haut, et la plus grande pyramide, celle de Khoufou, en rétablissant la pointe, 147 mètres, soit 16 mètres de plus : si le Khoufou était creux, on pourrait y enfermer le puissant dôme de l'édifice romain, comme on fait une pendule sous le cylindre de verre qui la protège. L'église de Saint-Étienne, à Vienne, et le clocher de Strasbourg n'arrivent pas à la hauteur de la grande pyramide, mais la nouvelle tour de la cathédrale de Cologne la dépassera. En ce qui regarde le volume et le poids des matériaux employés, aucune construction au monde ne peut soutenir, même de très loin, la comparaison avec la grande pyramide. Si on s'avisait de débiter la tombe de Khoufou, on pourrait, avec les blocs ainsi obtenus, construire un mur qui fermerait les frontières de la France. Si, avec un bon pistolet, on tire horizontalement en l'air du sommet de la grande pyramide, la balle va tomber au milieu de la face. Ces comparaisons, et les autres du même genre, ne sont qu'un moyen par lequel on cherche à donner à ceux qui n'ont jamais visité l'Égypte une idée suffisante des dimensions de cette construction gigantesque : celui qui est à leur pied et qui, du sol sablonneux où il se tient, lève les yeux vers leur pointe, n'a pas besoin de pareils secours.

« C'est à l'endroit où la chute des pierres, qui remplissaient l'intervalle entre chaque gradin, a laissé le plus à nu le noyau de la pyramide, qu'on entreprend l'ascension. Jusqu'au sommet nous resterons sur un escalier de pierre polie ; mais les degrés sont inégaux, et, toujours considérables, ont, de temps en temps, la hauteur d'un homme. Deux ou trois grands gaillards nous accompagnent. L'un saute devant nous, les pieds nus, saisit notre main et nous tire à lui ; un autre suit le voyageur, lui étaie le dos, le pousse, et le lance en haut ; un troisième le saisit de côté

Fig. 56. — Ascension de la grande pyramide.

sous le bras et le soulève. Moitié se hissant, moitié hissé, on monte, et ces drôles agiles vous accordent difficilement un moment de repos, quand vous demandez à reprendre haleine et à essuyer la sueur qui perle sur votre front. De plus, ils ne cessent pas tout le long du chemin de crier et mendier avec importunité un bakhchich : ils nous harassent de tant de manières qu'ils semblent vouloir, de parti pris, nous faire oublier la reconnaissance que nous leur devons pour leur aide.

« Enfin, nous voici au but. Le sommet de la pyramide a roulé à terre depuis longtemps : nous sommes sur une plate-forme assez spacieuse. Après que notre poitrine haletante et les battements précipités de notre pouls se sont calmés, après que nous avons rudement repoussé les « Bédouins » qui nous pressent de changer notre or ou d'acheter des antiquités fausses, nous abaissons notre regard dans l'espace ; plus la contemplation dure et plus nous laissons agir sur nous le charme de cette vue lointaine, plus elle nous semble significative et incomparable. La fertilité et l'aridité, la vie et la mort ne se touchent nulle part de si près sans intermédiaire. Là-bas, vers l'est, coule le large Nil, moucheté de blanches voiles latines gonflées au vent : sur ses rives, comme des tapis d'émeraude s'étalent les champs et les prés, les jardins et les bois de palmiers. Semblables à des nids d'oiseaux perdus dans la ramée, les bourgs reposent sous la couronne des arbres, et au pied du mont Mokkatam, teint à présent d'un jaune d'or étincelant, plus tard, au moment où le soleil s'en ira, illuminé par un reflet du couchant rouge d'une lueur rose et mauve, la ville des califes s'élève, avec ses mille mosquées, dominée de haut par la citadelle et par le minaret du mausolée de Mohammed-Ali, le plus élancé de tous les minarets ; citadelle et minaret sont les deux marques auxquelles on reconnaît vraiment le Caire et qui demeurent visibles de plus loin. Comme une couronne verte sur la tête d'un homme vivant, les jardins et les arbres entourent la ville. On ne saurait trouver ailleurs plus riche tableau de prospérité, de vie et de fraîcheur. Les filets argentés des canaux semblent une sève éclatante qui découle de ce charmant manteau de plantes. Le ciel est pur, et cependant des nuages passent sur la plaine : ce sont des volées d'oiseaux qui trouvent ici abondance de boisson et de nourriture. Combien est prodigue la bonté de Dieu et combien le monde n'est-il pas riche et beau !

« Si nous regardons au sud-ouest, nous apercevons tout près de nous une pyramide qui ne cède que de fort peu en grandeur à celle de Chéops. La pointe garde encore son revêtement, et elle fut construite par le roi Chéphrèn, que les inscriptions nomment Khâfri. C'est le second successeur de Khoufou, et il paraît avoir achevé aussi le grand sphinx qu'on voit plus à l'est. La troisième pyramide est notamment plus petite, mais est bâtie avec des matériaux choisis soigneusement. Elle servait de mausolée à Mykérinos (Menkerî), qui appartenait à la même dynastie que les précédents. Les petites pyramides à l'est, droit sous nos pieds, et celles qui sont au sud du Mykérinos renferment les restes mortels des fils et des filles des pharaons qui ont fait édifier les grands monuments qu'elles avoisinent. Sur la face est de chacune des trois pyramides, on distingue encore des débris ; c'étaient les temples consacrés à Isis, dans

Fig. 57. — Chambre sépulcrale de Menkara.

lesquels on venait faire l'offrande aux mânes des rois défunts. Isis mère recevait dans son sein la partie divine du mort et le ressuscitait en Horus enfant, qui, à son tour, se développait en Osiris. L'âme de chaque mort ne retournaît pas à Dieu, comme on nous le disait, mais lorsqu'elle était trouvée pure et véridique, elle se fondait dans l'unité de l'esprit du monde, d'où elle était issue, et lui prenait son nom d'Osiris. C'est pour cela qu'on pouvait rendre des honneurs célestes à l'âme, devenue Dieu, des pharaons. Aussi longtemps que l'Égypte fut gouvernée par des maîtres indépendants, il y eut des prophètes d'Osiris. Chéops (Khoufou) est des plus grands parmi les constructeurs de pyramides. Ils accomplissaient les cérémonies du culte dans les temples aujourd'hui détruits dont nous avons parlé, et appartenaient d'ordinaire aux plus anciennes familles de Memphis.

« Il ressort clairement de tout cela qu'Hérodote était mal informé, quand il racontait que Chéops et Chéphrèn étaient des rois méchants et impies, qui avaient fermé les temples, et s'étaient à ce point attiré la haine de leurs sujets, que, par rancune, aucun Égyptien ne voulait prononcer leur nom.

« Nos genoux tremblent encore d'avoir escaladé la grande pyramide. Nous nous reposons à l'ombre, regardons le sommet, et nous demandons de quelle manière et avec quels moyens il a été possible d'ériger cette œuvre de géant. Nous pensons ensuite à l'étrange récit d'Hérodote, d'après lequel on aurait commencé à construire par la pointe et terminé par les parties qui touchent au sol. Preuve faite, son assertion s'est trouvée aussi bien fondée que cette autre affirmation du même auteur, dont l'exactitude s'impose désormais à tous les spectateurs : la pyramide de Chéops « a été construite par étages ».

« Si les Anglais Perring et Wyse nous ont rendu le service d'avoir les premiers mesuré exactement les pyra-

Fig. 58. — Entrée de la pyramide de Khoufou.

mides dans toutes leurs parties, c'est aux Allemands Lepsius et Erbkam que revient le mérite d'avoir découvert, à force de recherches fatigantes et de combinaisons ingénieuses, la méthode d'après laquelle elles ont été élevées. Celui qui connaît le travail des deux savants allemands comprendra la relation d'Hérodote, et pourra facilement répondre à toutes les questions qui assaillent le spectateur réfléchi en face des pyramides. Nous savons maintenant comment il advint que tel roi se fit élever un monument de taille gigantesque, tandis qu'un autre se contenta d'un tombeau beaucoup plus petit. Nous savons pourquoi on ne peut découvrir qu'une seule pyramide inachevée. Nous savons maintenant ce qui encouragea Chéops à entreprendre une œuvre à l'accomplissement de laquelle la durée moyenne d'un règne n'aurait nullement suffi, et dont pourtant on ne pouvait guère confier l'achèvement à des successeurs dont chacun devait songer à son propre tombeau.

« Sitôt qu'un pharaon montait sur le trône, il commençait la construction de son mausolée. C'était d'abord un édifice de dimensions restreintes, une pyramide tronquée à parois presque droites. Quand la mort venait le surprendre, et pas avant, on surmontait ce noyau d'une pointe dont on prolongeait les surfaces d'inclinaison jusqu'au ras du sol. Si, après l'achèvement du premier noyau, on avait encore devant soi le temps et le pouvoir suffisants, on enveloppait la pyramide tronquée d'une couverture nouvelle de blocs formant degrés ; et ainsi de suite jusqu'au moment où toute addition nouvelle constituait à elle seule un ouvrage de géants. Dès qu'il s'agissait de terminer le monument, il fallait toujours commencer par élever la pointe, puis on remplissait les degrés qui attenaient à la pointe, et, en dernier lieu, les degrés inférieurs. La forme de la pyramide de Dahchour, celle qu'on nomme « la pyramide tronquée », est des plus instructives à cet égard : elle a reçu sa pointe, mais le successeur impie du roi qui l'éleva négligea d'en achever la partie basse. Les pyramides ont donc été, en fait, achevées de haut en bas. Les pierres dont on remplissait

Fig. 59. — Les pyramides de Dahchour.

les degrés n'étaient pas de celles qui pouvaient tomber aisément de leur place : c'étaient des blocs dont les larges faces adhéraient l'une à l'autre, et qui par leur propre poids, se sont maintenus pendant le cours de milliers d'années, aussi solidement que s'ils étaient reliés par le meilleur mortier. Il va de soi que le revêtement en plaques de pierre polie, qui s'est encore conservé sur le Chéops et le Mykérinos, partait également de la pointe.

« Nous savons donc que la grandeur des pyramides augmentait selon la durée de vie de leur constructeur, et qu'on était libre à tout instant de les terminer. On pouvait abandonner à la piété de l'héritier le soin de remplir les degrés, et dans les premiers temps on ne jugea même pas que pareille opération fût nécessaire, comme semblent le montrer les pyramides de Meïdoum et la pyramide à degrés de Saqqarah. Si, dans le cours des siècles, l'ensemble des relations concordantes s'était également conservé, on pourrait encore maintenant, par les revêtements successifs des pyramides, comme par les couches concentriques des arbres, supputer les années de règne de chacun des rois qui les construisirent. »

A l'entrée du plateau que dominent les pyramides, un pharaon inconnu avait fait tailler dans le roc un sphinx gigantesque, symbole d'Harmakhis, le soleil levant ; mais les sables avaient peu à peu recouvert à moitié le grand sphinx de Gizeh. Or, vers l'an 1500 avant l'ère chrétienne, le roi Thoutmos IV, chassant un jour le lion et la gazelle aux environs des pyramides de Gizeh, s'endormit fatigué aux pieds d'Harmakhis. Pendant son sommeil, il lui sembla que le géant lui parlait de sa propre bouche et lui ordonnait de débarrasser son image des sables qui l'ensevelissaient. Thoutmos IV s'exécuta : le vieux culte d'Harmakhis fut remis en vigueur. Les siècles passèrent, et les sables s'acharnèrent de nouveau contre le sphinx. Après trois mille ans et plus, voici qu'un de nos compatriotes, un Français dont le nom revient à chaque ligne lorsqu'on s'occupe de l'Égypte ancienne,

Fig. 60. — Le grand sphinx désensablé.

M. Maspero, entreprend à son tour l'œuvre de déblaiement jadis accomplie par Thoutmos. Les sphinx allaient toujours deux par deux et formaient en général de longues avenues en avant des temples. Seul, le sphinx de Gizeh est isolé dans la majestueuse grandeur que lui donne son corps de lion et sa tête humaine ceinte du bandeau royal. Il est à la fois une effigie et un symbole, mais le symbole nous est connu, tandis que nous ignorons le nom du roi dont le sphinx est l'image.

« Le sphinx, dit M. Salomon Reinach, est antérieur de plusieurs siècles aux grandes pyramides, antérieur, comme nous l'apprend une inscription, au règne de Chéops : c'est le doyen des monuments figurés de l'ancien monde. On l'appelait *Harmakhouti,* d'où les Grecs ont fait *Harmakhis;* les Arabes le nomment aujourd'hui *Aboul'hôl,* c'est-à-dire le « père de l'épouvante ». Harmakhis, c'est le soleil à l'horizon, le soleil couchant et le soleil levant à la fois, Vesper et Lucifer. Horus sur l'horizon, gardien de la nécropole royale, symbolise la lumière renaissante qui refoule les ténèbres, l'âme qui triomphe de la mort, la résurrection; à la lisière de la terre fertile et du désert, il représente la fécondité et la vie. Sur le plateau où il projette son ombre, les rois ont édifié leurs pyramides, les riches ont creusé leurs sépultures, et tout autour de lui ce ne sont que temples et tombeaux. »

Le colosse a été taillé dans le roc vif, comme les gigantesques figures de l'île de Pâques, les *Angatabou* qui firent l'étonnement de La Pérouse, mais il est probable que le rocher, émergeant à cet endroit, affectait d'une manière plus ou moins vague l'aspect d'un lion couché, à tête humaine, et l'on s'est contenté, sur certains points, de suppléer par la maçonnerie aux insuffisances du roc. Le sphinx a 19^m,80 de long ; son oreille, 1^m,97 ; son nez, 1^m,79 ; sa bouche 2^m,32 ; sa hauteur est de 12 à 15 mètres. La tête, tournée vers l'orient, était autrefois peinte d'une couleur rouge très vive, qui s'illuminait aux premiers rayons du soleil. Thoutmos IV avait fait ériger une stèle près de l'épaule droite du sphinx. Plus tard, d'autres stèles et un temple s'élevèrent dans le voisinage immédiat du monument, et les Ptolémées et les Romains firent construire toute une série d'ouvrages pour préserver Harmakhis de l'invasion des sables. Du temps de Trajan, le chemin latéral qui conduisait au sphinx avait disparu, et l'on dut construire en avant des pattes un escalier pour les visiteurs. Car les visiteurs étaient nombreux, comme l'attestent les noms et les inscriptions qui pullulent sur le roc.

Un doigt de la patte gauche porte une pièce de quatorze vers grecs, signée Arrien. « Les dieux éternels, disait l'historien d'Alexandre, ont créé ton corps merveilleux dans leur sollicitude pour une région brûlée par le soleil. Tu y répands ton ombre bienfaisante. Ils t'ont placé, ainsi qu'une île rocheuse, au milieu d'un vaste plateau dont tu arrêtes les flots de sable. Ce voisin, donné par les dieux aux pyramides, n'est pas comme le sphinx de Thèbes, qui causa la mort d'Œdipe : c'est le serviteur sacré de la déesse Latone, le gardien du bon Osiris, le chef vénéré de la terre d'Égypte, le roi des habitants du ciel, semblable au soleil, égal de Vulcain. »

En 1816, Caviglia entreprit de déblayer la partie antérieure du colosse. Mariette bey, aidé par les subsides de l'État et par ceux du duc de Luynes, découvrit, en 1852, à 40 mètres au sud-est du pied droit du sphinx, un temple massif, carré, assez semblable à une forteresse, composé de deux grandes salles et d'étroites chambres latérales, sans inscriptions, sans images.

Est-ce bien un temple? Ne serait-ce pas plutôt une construction mégalithique? Mais alors comment expliquer la présence de sept statues de Chéphrèn dans un puits situé à l'intérieur du temple?

Lorsque Mariette mourut, en 1879, il indiqua le déblaiement complet du sphinx comme l'un des travaux les plus utiles qui pussent s'imposer aux égyptologues. Cette suprême recommandation fut entendue, et en 1886 M. Maspero, son successeur, se mit à l'œuvre. Il s'agissait de dégager entièrement le sphinx, enterré jusqu'au cou, et de remettre autant que possible le plateau environnant dans son état primitif, c'est-à-dire de mettre à découvert : 1° le sphinx lui-même, 2° le temple, 3° l'escalier qui menait du sphinx à la plaine, et les murs de soutènement qui enveloppaient le tout. Les fouilles produisirent, en peu de temps, des résultats inespérés. Elles étaient commencées depuis quelques jours à peine, et déjà la face, élevée à 15 mètres au-dessus du sol, se recomposait et devenait expressive, en dépit de la mutilation du nez. On constata qu'on se trouvait bien réellement en présence d'un noyau de roche vive recouvert de maçonnerie, que la face des pierres était peinte en rouge, les joints rehaussés de jaune, et que sur la patte droite étaient de nombreux proscynèmes grecs d'école impériale. La poitrine avait beaucoup souffert, mais les pattes étaient intactes, ou à peu près.

Sous la XII⁰ dynastie, on commença à construire en Égypte des obélisques, monolithes de forme strictement géométrique, à base carrée, s'effilant progressivement et se terminant par un pyramidion. Placés au frontispice des palais et des temples, les obélisques annoncent par leurs inscriptions la destination de l'édifice et la divinité à laquelle ils sont dédiés. Ils étaient toujours accouplés. L'obélisque que nous connaissons le mieux est celui de Louqsor, qui a été érigé en 1836 à Paris, sur la place de la Concorde; il a une hauteur de 22^m,83 et pèse 250,000 kilogrammes; ses quatre faces sont couvertes de caractères hiéroglyphiques, qui permettent de rapporter son érection aux pharaons Ramsès II et Ramsès III.

Les tombeaux de Beni-Hassan fournissent les premiers exemples d'une architecture à colonnes, régulièrement développée. « Leurs portiques et leurs salles intérieures, dit Lubke, montrent la transition du pilier carré à la colonne à huit, puis à seize pans, et comment celle-ci s'est dégagée à son tour de la forme polyédrique par un refouillement des pans en cannelures plates. Cette colonne, qu'on a nommée *proto-dorique,* part d'un demi-tore très évasé qui lui sert de base et se termine au col par une plinthe saillante ou abaque. A côté de cette forme toute géométrique, on en trouve une autre qui dérive manifestement de la flore locale; le fût, fortement pincé à la base, se compose de quatre tiges rondes très galbées et solide-

Fig. 61. — Obélisques, à Karnak.

ment attachées au col; le chapiteau continue le fût, en se renflant comme un bouton de lotus, et se termine sous l'architrave par un abaque carré. Les colonnes de Beni-Hassan

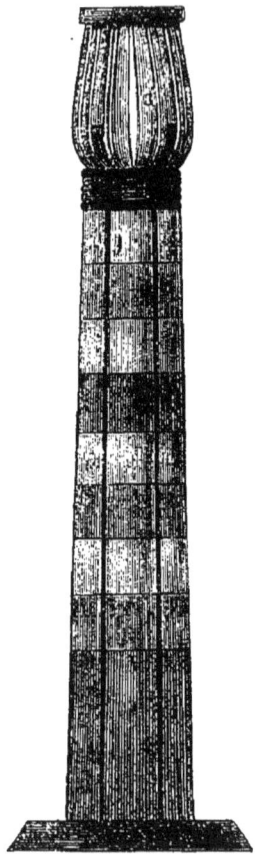

Fig. 62. — Colonne en tige de lotus.

Fig. 63. — Abaque égyptien.

sont légèrement coniques; elles portent une architrave droite, surmontée d'un bandeau saillant et décorée, sous celui-ci, de denticules qui semblent représenter des abouts de solive. »

Le temple égyptien n'est pas, comme l'église chrétienne ou la mosquée musulmane, un lieu où les fidèles se rassemblent pour prier en commun; seuls, le roi et les prêtres y ont

Fig. 64. — Temple de Khons, à Karnak.

accès. Il constitue un monument personnel au monarque qui l'a fondé pour gagner la faveur divine, et qui a couvert les murs de la représentation de ses exploits. Le temple était le principal théâtre des fêtes religieuses de l'Égypte, fêtes qui consistaient surtout en processions gigantesques, et comme les processions dépassaient rarement la grande enceinte du temple, comme d'autre part le culte supposait un grand nombre d'objets précieux et saints, on conçoit que les monuments sacrés devaient avoir des proportions considérables. Le temple proprement dit avait donc pour complément des dépendances de toute sorte, assez largement

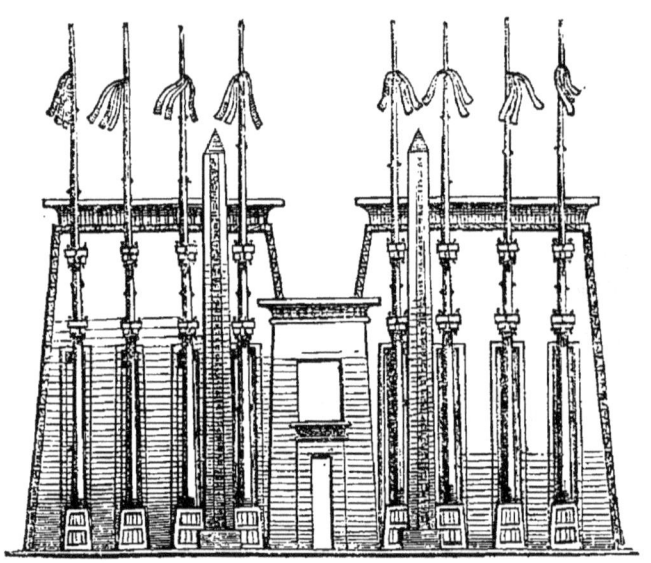

Fig. 65. — Pylônes d'un temple égyptien.

ouvertes aux fidèles, mais il était lui-même inaccessible au commun des mortels. C'est pour cela qu'on le trouve rigoureusement fermé, et qu'une seule ouverture en permet l'accès. Point d'arcades, point de fenêtres, mais des murs massifs. De là une grandeur imposante, froide et comme sépulcrale. Les cathédrales du moyen âge, sveltes et élancées, semblent porter vers le ciel les espérances des hommes qui les ont vu construire : le temple égyptien éveille on ne sait quelle idée funèbre et ressemble plutôt à un immense tombeau où la lumière pénètre à peine. L'architecture religieuse s'est ressentie des croyances ; la sévérité de la religion a influé sur l'art de la vallée du Nil.

Cette architecture fut peu florissante sous l'ancien empire. Dans ces temps éloignés, tout l'effort s'était porté sur la tombe, et le temple n'avait été que l'exception. Les rares spécimens que nous possédons, — en fort mauvais

Fig. 66. — Sphinx à tête de bélier.

état, — sont peu développés, peu élevés, et ils ne font guère prévoir ces magnifiques édifices resplendissants de peintures et d'or qu'élèvera la piété des grandes dynasties thébaines. — Sous le moyen empire, on voit apparaître les pylônes, les obélisques, les salles hypostyles, et le temple de cette période ne diffère plus de ceux du nouvel empire que par ses dimensions moindres et sa décoration plus simple. — Le temple du nouvel empire est le type des monuments de cet ordre : c'est de lui qu'on veut parler lorsqu'on définit d'une manière générale l'art religieux des pharaons.

Fig. 67. — Pylônes méridionaux et lac sacré de Karnak.

On arrivait à l'enceinte par une route dallée, bordée de sphinx ou de béliers en granit. L'enceinte, de 10 mètres d'épaisseur, formait dans sa partie supérieure un chemin de ronde, communiquant par des escaliers aux terrasses des pylônes. Le pylône, élevé généralement en face de l'entrée principale du temple, se compose d'une porte rectangulaire et de deux massifs pyramidaux, flanquant la porte à droite et à gauche; il est orné de deux mâts verticaux, au bout desquels flottent des banderoles. Au-devant, se dressent les obélisques de granit et les statues du roi qui a construit l'édifice. En dedans de l'enceinte, de grands bassins servaient à certaines cérémonies pieuses. Une fois le pylône franchi, on rencontrait : 1° une cour péristyle ; 2° une salle hypostyle ; 3° un *naos* avec son sanctuaire.

Raoul Rochette dit quelque part que le temple égyptien, en raison de son aspect lourd, trapu et carré, de son intérieur mystérieux et sombre, de sa lourde simplicité, semble avoir été extrait tout entier d'une montagne et placé tel quel au milieu de la plaine. Il ne faudrait pas prendre cette observation à la lettre, mais il est bien vrai que certains temples ont été vraiment taillés dans le roc, ne se révélant à l'extérieur que par une façade plus ou moins haute. Tel est le *speos* d'Ibsamboul. « La montagne où il s'ouvre, dit Maxime du Camp, est de grès brèche ; elle a été évidée, ciselée, découpée comme une noix. Les statues, les piliers, les corniches, les poutres, les autels, ont été pris à même le rocher ; rien dans notre pays ne peut donner l'idée du travail qu'a dû coûter cette œuvre gigantesque. » On a cru longtemps que les premiers temples égyptiens avaient été creusés dans les rochers et qu'ils avaient ensuite servi de modèle aux temples extérieurs. Il n'en est rien. C'est le contraire qui s'est produit. Si le paysage, ainsi que nous l'avons fait remarquer, a influé sur l'architecture, les idées religieuses ont encore plus contribué à cette prédilection du peuple égyptien pour la stabilité, la solidité, la durée. Peu lui importait l'élégance : elle ne venait que par surcroît. Ce qu'il fallait à l'architecte, c'était un édifice propre à frapper l'imagination, à agir sur l'esprit, à donner le sentiment de l'immortalité et de l'éternité. Le sentiment du beau et de la vie, tel que l'ont conçu les Grecs, est étranger à l'Égypte; l'esthétique des pharaons se concentre tout entière dans l'énormité des proportions. Cela ressort de l'examen de tous ses temples, dont les principaux sont ceux d'Ammon (oasis de Dakhlèh), d'Edfou, d'Esneh, de Gebel-Barkal, d'Hathor (Denderah), d'Ibsamboul, de Karnak, de Louqsor, de Medinet-Abou, de Philé. Enfin, nous ne saurions trop insister sur ce point que le caractère essentiel de l'architecture égyptienne, qu'il s'agisse d'ailleurs de temples ou de palais, consiste dans la recherche de la forme pyramidale, laquelle entraîne l'immense largeur des bases. Cette forme se retrouve non seulement dans les pyramides proprement dites, dans les obélisques et les pylônes, mais aussi dans les édifices dont les murs sont inclinés en talus.

Les palais et les maisons d'habitation n'étaient pas, comme les temples et les monuments funéraires, sombres et fermés, mais gais, légers, spacieux, entourés de jardins qu'ils dominaient avec leurs galeries élevées et leurs terrasses.

Fig. 68. — Salle du temple d'Abydos.

Ils avaient des fenêtres larges, des volets mobiles, grâce auxquels on pouvait aérer les pièces ou les abriter contre les ardeurs du soleil. Ils n'étaient point en pierre, en grès, en granit : la brique et le bois suffisaient.

« Le palais, dit M. Perrot, n'était qu'une tente dressée pour le plaisir; il ne réclamait que le bois et la brique. C'était affaire au peintre et au sculpteur d'en couvrir toutes les parois de couleurs vives et de riantes images ; c'était à eux de faire resplendir partout, sur les enduits des murs, sur les planches d'acacia, sur les minces colonnettes de cèdre ou de palmier, l'éclat des tons joyeux qui garnissaient leur palette et les reflets brillants de l'or. Le luxe de la décoration était ici le même que dans la tombe et le temple; la différence était dans le caractère de l'architecture et dans ses chances de durée. Dans leur genre, ces édifices étaient tout à fait dignes de la puissance et de la richesse des souverains qui les ont bâtis pour les habiter, mais on comprend qu'avec un pareil mode de construction ils aient disparu de bonne heure, sans laisser de traces sur le sol de l'Égypte... L'ombre, qui dans les pays d'ardent soleil est le plus délicieux de tous les biens, on la trouvait à l'extérieur sous les sycomores et les platanes, autour des bassins où s'épanouissaient les brillantes corolles du lotus ; on la trouvait embaumée d'odeurs printanières, sous les berceaux de feuillage et les treilles chargées de fruits, ou dans ces kiosques ajourés qui se dressaient de place en place sur la rive des étangs. Là, derrière l'abri de haies épaisses et de murs discrets, le roi pouvait appeler à lui son harem et jouir des ébats de ses jeunes enfants. Là, ses campagnes finies, un Thoutmos ou un Ramsès, s'abandonnait paresseusement à la douceur de vivre, sans vouloir se souvenir des fatigues de la veille ni penser aux soucis du lendemain. »

Quant aux maisons particulières, nous n'en dirons rien, par l'excellente raison qu'il n'en est point resté debout; le palais n'était qu'une habitation plus belle, plus grande, plus luxueuse que les demeures privées, lesquelles à leur tour s'inspiraient des mêmes nécessités. Nous ajouterons que les villes étaient entourées de fortes murailles en briques crues, et que, sur les frontières, des forteresses tenaient en respect les envahisseurs.

La sculpture égyptienne a passé par des phases diverses. A l'origine, l'artiste ne songe qu'à imiter exactement la nature; plus tard, on observe chez lui une tendance vers un style conventionnel; plus tard encore, la statuaire arrive à l'apogée de sa grandeur, faisant à la convention une part de plus en plus grande. La décadence a lieu à la fin du règne de Ramsès II, mais une renaissance se produit sous les monarques saïtes. Dès lors, l'art ne change plus : il consiste désormais dans la répétition constante de procédés semblables.

Même aux époques les plus éloignées, même au temps où elle était essentiellement réaliste, la statuaire fut empreinte d'un caractère symbolique et mystérieux qui devait la conduire graduellement à la convention. Rien n'a plus contribué à la détermination des procédés et du génie de l'art égyptien que l'organisation du musée du Boulaq, la plus importante de toutes les collections formées avec les

Fig. 69. — Temple, à Edfou.

monuments de l'époque pharaonique. De prime abord, on est tenté de croire que la plastique égyptienne a produit ses chefs-d'œuvre aux époques les plus anciennes, aux temps des dynasties memphites, et il est certain que l'on n'a jamais trouvé sur les bords du Nil des figures plus vraies que celles du scribe conservé au Louvre et la statue de Chéphrèn découverte non loin du sphinx.

Ces œuvres magistrales le cèdent en réalisme à l'admirable figure en bois de sycomore qui représente un haut fonctionnaire, d'âge mûr. Il tient à la main un bâton de commandement, et semble se dresser encore, sur ses pieds restaurés, face à face avec les gens qu'il avait accoutumé de commander. Rien n'empêche que ce vieillard n'ait été un aimable père de famille; mais dans les circonstances où ce fut nécessaire, on peut être certain que la volonté ne lui manqua point. On donne à cette statue le nom assez remarquable de Chêik El-Beled, — le maire du village, — parce que les ouvriers de Mariette, qui la découvrirent dans sa tombe et furent les premiers à la voir, s'écrièrent avec étonnement : « Mais c'est notre maire! » On ne pouvait pas rendre au vieux maître qui la sculpta un meilleur témoignage de la vérité de son œuvre.

Même éloge, ou peu s'en faut, à la statue en bois d'un jeune Memphite, dont la partie supérieure, la seule conservée, provient également de Saqqarah; même éloge, sinon plus, à l'admirable groupe que forment le jeune prince Râ-Hotep et sa femme Nefert. Ce monument, auquel on a donné sous verre une place d'honneur, a été trouvé dans le voisinage de la pyramide de Meidoûm. Il est du temps de Snefrou, qui régna avant l'érection de la grande pyramide. Il n'y a pas au monde sculpture plus ancienne; cependant, si l'on voit sans plaisir la coupe des traits du couple qu'elle représente, et qui paraît avoir appartenu à cette classe pour qui l'oubli est le sort commun, il faut concéder qu'elle a, dans le modelé, un réalisme de bon aloi, et doit être comptée parmi les portraits à la ressemblance desquels on croit désormais. Les figures sont peintes, l'homme en brun rouge, la femme en jaune clair.

Le grand ouvrage d'Ebers sur l'Égypte va nous fournir d'ailleurs sur la statuaire égyptienne de précieux renseignements. « Il ne manque pas de bas-reliefs de l'ancien empire au musée de Boulaq, et il en est d'eux comme des statues de même époque : l'artiste qui les a fabriqués ne s'est pas laissé troubler par des aspirations à l'idéal, et n'a eu d'autre but que de rendre la vie réelle fidèlement et sans obscurité. Il a donc été obligé à ne jamais se départir de certaines conventions dans la manière dont il traite le relief. La clarté est recherchée avec assez d'énergie pour qu'on lui ait sacrifié souvent la beauté. Sur le visage de profil, on trace les yeux de face, afin qu'on puisse bien les voir ; la poitrine est représentée en perspective rectiligne, afin de ne faire tort à aucun des deux bras; les jambes des figures debout sont de profil, si bien qu'on les aperçoit toutes deux. Même dans les bas-reliefs les plus remplis, aucune figure ne peut se soustraire à ce rendu conventionnel. Nous en donnons pour preuve l'officier supérieur, sculpté soigneusement sur bois, qu'on a trouvé représenté à Saqqarah, sur un panneau d'époque fort ancienne, et une

Fig. 70. — Le Chéik El-Beled.

oie, vue de profil, comme tous les animaux, et levée sur pierre en relief fort bas. Même lorsqu'il s'agissait de statues, l'artiste avait les mains liées ; car les plus anciennes

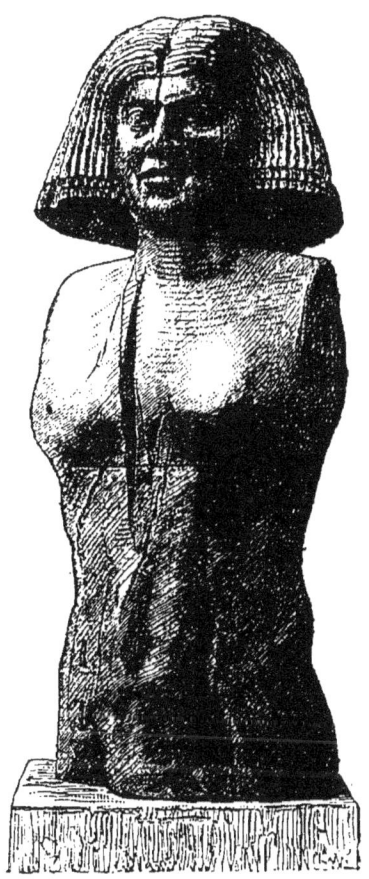

[Fig. 71. — Statue en bois trouvée à Saqqarah.

statues qui soient arrivées jusqu'à nous nous apprennent qu'il était tenu de donner à chacun des membres du corps humain, comme à chacun des membres du corps des bêtes, certaines proportions qu'on regardait comme sacrées, et qui, par suite, étaient inaltérables. Ce *canon des proportions* était bien connu aussi des Grecs. Pendant toute la longue

Fig. 72. — Le groupe de Meïdoum.

durée de l'histoire d'Égypte, il n'a été modifié que deux fois. Dans l'ancien empire, il donnait, à l'application, des figures plus fortes et plus trapues; dans le nouvel empire, après l'expulsion des Hyksos, des formes plus élancées et plus grêles. M. Charles Blanc croit avoir découvert que l'unité de proportion employée était le doigt pour la figure humaine, la griffe pour les images de lion : de là viendrait

Fig. 73. — Bas-relief sur bois, provenant de Saqqarah.

le proverbe fameux : *Ex ungue leonem*. Quiconque connaît le canon de Polyclète et les travaux d'Albert Dürer sur les proportions du corps humain ne fera guère un crime aux Égyptiens d'avoir appliqué à la statuaire les lois d'un canon bien défini. Cette méthode sévère imposait, il est vrai, aux artistes qu'elle liait une contrainte regrettable, et les empêchait de donner plus de vie à leurs œuvres, par la variété et le mouvement des attitudes, ou de distinguer les formes élastiques du jeune homme des formes languissantes du vieillard. A peu d'exceptions près, chaque statue attribue à l'homme qu'elle prétend représenter les contours de l'âge moyen, et les portraits de femme prêtent

Fig. 74. — Bas-relief représentant des oies, à Gizèh.

toujours au corps féminin les formes jeunes d'une vierge. Assis ou debout, tous ont une pose analogue, et l'application du canon des proportions oblige chaque individu d'une certaine hauteur à posséder des épaules d'une largeur, des bras et des jambes d'une longueur déterminée. Aussi ceux-là ont raison qui reprochent à la sculpture égyptienne l'uniformité et l'immobilité ; mais ils feraient bien de se rappeler que, dès les temps très anciens, les habitants de la vallée du Nil avaient, dans le développement de leur art, dépassé de beaucoup tous les peuples environnants, et devaient être tentés, par confiance orgueilleuse en ce qu'ils avaient conquis, de le défendre contre les influences barbares qui l'assaillirent. La crainte d'un recul entrava chez eux le progrès, et le canon des proportions fut comme la chaîne avec laquelle ils se lièrent solidement

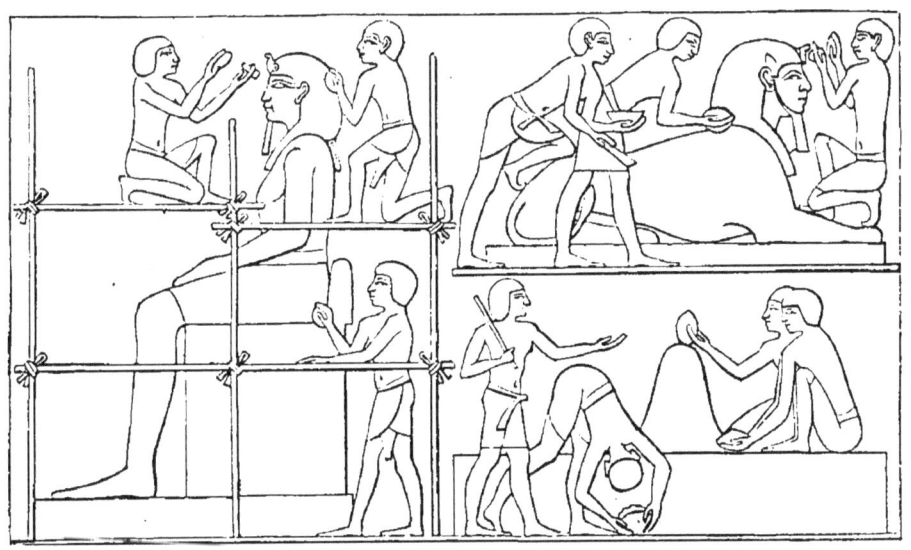

Fig. 75. — Sculpteurs travaillant à une statue et à un sphinx.

au sommet qu'ils avaient escaladé à grand'peine. Toutefois, ils surent toujours se tenir loin du pur poncif. Ils ne cessèrent de modeler chaque membre avec une entente exquise de la structure anatomique chez l'homme et les animaux, et conservèrent par devers eux le droit de donner, en toute liberté, à chacun des personnages qu'ils représentaient, l'expression vraie et les traits caractéristiques de son visage. Nous devons à cette circonstance heureuse de pouvoir traiter les princes et les rois d'époque pharaonique comme des gens de connaissance ; car nous avons, pour la plupart des plus grands d'entre eux, des portraits qui nous permettent de comparer la coupe et l'expression de leur visage avec ce que nous savons de leurs actions et de leurs qualités. Les Égyptiens s'entendaient aussi à saisir finement, et à rendre de la façon la plus caractéristique le port et la physionomie des peuples étrangers avec lesquels ils entrèrent en contact. On louera sans restriction l'habileté avec laquelle (bien qu'ils possédassent un outillage assez imparfait pour qu'un des derniers historiens français de l'art ait cru pouvoir lui attribuer la longue immobilité de leur sculpture) ils surent tailler et polir les pierres les plus dures, le syénite, le granit gris, le diorite, le basalte, et d'autres substances que même nos sculpteurs ont peine à assouplir. Des représentations d'époque ancienne nous montrent l'artiste en pleine activité.

Les formes composites des dieux plaisent moins à notre goût, avec leurs corps d'homme et leurs têtes de bête, leurs coiffures et leurs symboles, destinés à faire impression sur la religiosité du dévot, initié à la signification de chaque détail, même dans les figures les plus baroques. Le musée de Boulaq est riche à l'excès en divinités de toute grandeur, de pierres et de métaux précieux ou vils, de bois et de terre cuite ; dans le nombre, il se trouve de véritables œuvres d'art. Certains bronzes incrustés sont d'une beauté de fonte étonnante et d'une ciselure très fine ; mais ils sont du nouvel empire, comme le plus grand nombre des divinités le mieux travaillées.

« Tous les monuments antérieurs à l'invasion des Hyksos se distinguent, — et cela s'applique également au style des inscriptions hiéroglyphiques qu'ils portent, — par une simplicité noble. Un autre caractère qu'ils ont en commun est le rendu fidèle de la nature. On ne surprend jamais sur aucun de ces portraits, strictement individuels, la moindre

Fig. 76. — Barque d'or avec rameurs en argent.

trace de vie idéale ; au contraire, l'idéal, l'expression de l'âme et du sentiment, ne sont nullement étrangers aux œuvres moins réalistes et moins simples du nouvel empire. On dirait qu'un élément nouveau s'est infiltré dans l'esprit du peuple égyptien au temps des Hyksos : il n'est pas seulement sensible dans les œuvres de la sculpture, mais aussi dans les travaux gigantesques et complexes que leur imagination inspira aux architectes, dans l'appareil plus orné du langage, dans un développement plus intense du sentiment religieux, dans une conception de l'immortalité de l'âme et de la divinité qui témoigne de la fantaisie la plus déréglée. Nous possédons du nouvel empire des statues de toute sorte, debout ou assises, hautes comme des montagnes ou diminutives, taillées dans un granit aussi dur que le fer ou dans le schiste et le bois le plus tendre. Les plus colossales et les plus connues sont de valeur fort diverse, et ont été d'ordinaire mal jugées : on les a traitées comme formant à elles seules des monuments indépendants, tandis qu'elles étaient destinées à être mises en rapport avec de grands ensembles architectoniques et à en rehausser l'effet.

De bonne heure, la sculpture fut l'auxiliaire de l'architecture. Les bas-reliefs, de même que les inscriptions hiéroglyphiques, avaient, dans l'ancien empire, une valeur décorative. Toutes les statues colossales ont été élevées sur des emplacements choisis au point de vue architectural, et dépendaient d'édifices magnifiques : quand on leur reproche d'affecter un calme qui va jusqu'au manque de vie, on oublie qu'elles étaient dressées d'ordinaire aux portes des temples, qu'elles avaient la face tournée vers les fidèles, et que, par conséquent, le caractère de tranquillité et de placidité monumentale qui régnait sur tout leur entourage d'architecture ne pouvait que leur aller bien. On jugera correctement les colosses égyptiens, en se les représentant avec les édifices auxquels ils appartenaient.

Si nous jetons un regard d'ensemble sur les restes de la sculpture égyptienne, nous arriverons sans peine à les répartir entre les époques suivantes : 1° œuvres de l'ancien empire; 2° œuvres contemporaines des Hyksos; 3° travaux exécutés depuis la guerre de délivrance jusqu'à la XIX° dynastie; 4° épanouissement complet de l'art sous Séti Ier et ses successeurs immédiats; 5° décadence jusqu'à la XXVI° dynastie; 6° enfin, renaissance sous les rois saïtes.

On rencontre à Thèbes de nombreux travaux de Thoutmos III et de ses successeurs immédiats : ils se distinguent par une grandeur simple et pourtant éclatante. Là, et dans Abydos, se trouvent les œuvres les plus nobles qu'ait produites la sculpture égyptienne au temps de sa splendeur sous Séti Ier. Quant aux statues innombrables que firent élever ce prince et son illustre fils Ramsès II (Sésostris), la plupart des musées de l'Europe en renferment des spécimens. La décadence de l'art plastique commença sous les pharaons de la XX° dynastie. Cependant, le riche et sensuel Ramsès III fit travailler beaucoup; l'on trouve encore à admirer dans la tête de l'Éthiopien Taharka, qui vient de Thèbes, et la statue en albâtre, découverte à Karnak, de la reine Aménuitis (XXVI° dynastie) est digne de tout éloge, à cause du beau travail de la tête et de maints détails excellents, quelque fausses que soient les proportions du corps.

Sous les princes saïtes de la XXVI° dynastie, la sculpture eut un renouveau, dont il ne faut nullement dédaigner les fruits. On ne peut pas se dissimuler que les œuvres de cette renaissance n'égalent point, en vérité et en grandeur simple, celles de l'ancien empire, en aspiration vers l'idéal, en noblesse et en beauté de formes, les plus belles productions de Séti Ier; elles se distinguent avantageusement par une souplesse, une élégance, une rondeur, auxquelles n'atteignirent point les anciennes époques. Jamais on n'a gravé sur la pierre, ou tracé sur le papyrus des signes

Fig. 77. — La vache Hathor.

hiéroglyphiques plus parlants, ou dessinés avec un plus exquis sentiment du style, que sous les Saïtes, et jamais on ne porta le poli de la pierre à un plus haut degré de perfection qu'ils ne le firent. Ce sont merveilles que les entailles dont sont couverts les sarcophages, en basalte ou en granit gris, des flabellifères de la XXVIᵉ dynastie, et Mariette a eu raison d'attribuer une place d'honneur au beau groupe qu'il découvrit à Saqqarah, dans la tombe du seigneur Psamitik. Isis et Osiris sont debout, à droite et à gauche de la vache Hathor, qui penche, en signe de protection, sa douce tête parée du disque et de la double plume, au-dessus de l'image de défunt Psamitik. La figure, la tête de la vache, la face du couple divin, sont des morceaux fort intéressants de sculpture. « Sous le fils d'Amasis, l'Égypte fut incorporée par Cambyse à l'empire perse, mais le style artistique qui lui était propre ne fut atteint en rien par le style du grand État asiatique, dont elle fut, deux siècles durant, une simple satrapie. Tous les monuments de cette époque qu'on a trouvés dans la vallée du Nil et dans les oasis sont entièrement du plus pur égyptien; aussi longtemps que le peuple des pharaons resta attaché à la religion de ses pères, il réussit à résister aux puissantes influences de l'art grec, qui, après la conquête du pays par le grand Macédonien, fit d'Alexandrie une de ses résidences préférées. »

Les Égyptiens avaient l'habitude de peindre les bas-reliefs et les statues de leurs temples et de leurs tombeaux. Dès que le sculpteur avait terminé son œuvre, le peintre arrivait pour le remplacer, à moins que la matière employée ne fût naturellement colorée, comme le granit rose, l'albâtre ou le diorite. Le peintre se servait en guise de pinceau d'un jonc dont les fibres menues, trempées dans l'eau, tenaient lieu de soies; il avait une palette en bois mince, rectangulaire, creusée de cavités où il logeait des pastilles d'encre noire et rouge, un mortier et un pilon pour broyer

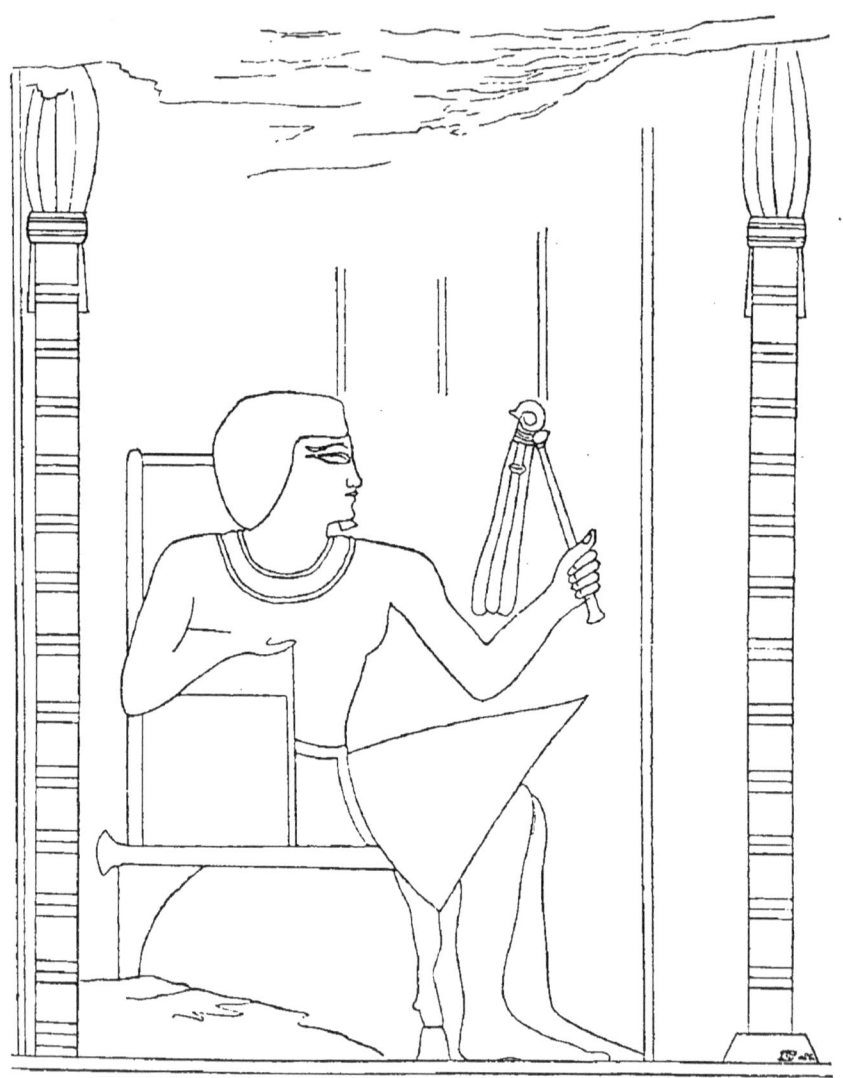

Fig. 78. — Peinture du XLVIIe siècle, d'après un tombeau de Saqqarah.

les couleurs, et un godet pour laver le calame. Maniant un instrument flexible, le dessinateur n'était pas gêné, comme de nos jours, par la rigidité du burin, lorsqu'il voulait arrêter la ligne, l'écraser, l'atténuer ou la prolonger. Il exerçait sa verve en esquissant avec humour les scènes plaisantes de la vie humaine. Comme notre grand fabuliste, il choisissait le plus souvent des animaux pour leur faire dire des vérités parfois dures à entendre sous une autre forme, et il se plaisait à dessiner des chats et des rats. Le musée de New-York renferme une esquisse de ce genre : c'est une chatte de haute race, assise sur un fauteuil et parée de ses plus beaux atours; un pauvre matou maigre et piteux lui sert son repas, la queue entre les jambes.

De même que nos enlumineurs du moyen âge, les Égyptiens ornaient de miniatures les ouvrages sacrés, et le nombre est grand des exemplaires du *Livre des morts* remplis de vignettes. Il est vrai que les artistes égyptiens ne faisaient que copier les manuscrits types conservés dans les temples, tandis qu'en Occident les miniatures dénotent souvent une féconde imagination.

Pour ce qui concerne la peinture murale, nous nous contenterons de dire qu'elle repose tout entière sur une convention, laquelle consiste à attribuer aux surfaces une valeur uniforme sans tenir compte des nuances. L'artiste emploie exclusivement les teintes plates, et ses œuvres se distinguent par une absence complète de modelé et de clair-obscur. Dans ces conditions, le peintre n'était qu'un artisan, la tâche vraiment artistique appartenait au dessinateur.

CHAPITRE VII.

LES LETTRES ET LES SCIENCES.

Les Grecs ont donné, et l'on donne aujourd'hui encore le nom d'*hiéroglyphes* à l'écriture nationale des Égyptiens. Ce n'est que relativement tard qu'on a pu comprendre le sens de ces mystérieux caractères, et jusqu'au dix-huitième siècle, les érudits s'égarèrent dans des hypothèses sans fondement.

Pendant l'occupation française de l'Égypte, le génie, en exécutant des travaux de fortification, découvrit à Rosette (1799) une inscription rédigée en trois écritures (hiéroglyphique, démotique et grecque), et le texte grec montra qu'on était en présence d'un décret solennel rédigé par le corps sacerdotal de l'Égypte en l'honneur de Ptolémée Épiphane. Silvestre de Sacy et le Suédois Akerblad entreprirent l'étude du texte démotique, qu'en raison de son aspect cursif, ils supposaient être de nature alphabétique. Akerblad réussit à dresser un premier alphabet, auquel les travaux ultérieurs n'ont rien changé d'essentiel. L'Anglais Young s'attaqua aux hiéroglyphes : il entrevit la vérité sans pouvoir la trouver, et l'honneur de soulever le voile qui cachait au monde moderne la langue des pharaons revient à un Français, Jean-François Champollion, né à Figeac en 1790. Sa découverte fut condamnée par Quatremère, violemment attaquée par Klaproth. Il n'en persista pas moins dans ses hypothèses, dont l'avenir démontra le bien fondé, et il finit par s'imposer à la science. Il est à bon droit considéré comme le fondateur de l'égyptologie, qui a eu depuis pour représentants Ch. Lenormant, Nestor L'Hôte, Mariette, Chabas, Emmanuel de Rougé, Devéria, Maspero, Grébaut, Revillout, Pierret, Brugsch, Ebers, Naville, et bien d'autres, dont les travaux ont donné à l'Égypte la place qu'elle mérite d'occuper dans le domaine de l'érudition.

Les hiéroglyphes ne sont pas toujours et nécessairement symboliques ou bien figuratifs. La plupart sont des caractères phonétiques, c'est-à-dire peignant des sons et représentant soit des syllabes soit des lettres appartenant à un alphabet médiocrement compliqué. Les textes hiéroglyphiques sont, en un mot, un mélange d'éléments idéographiques et phonétiques. Aux époques classiques, l'égyptien comprenait vingt-deux articulations, rendues par des signes alphabétiques, auxquels se mêlaient dans l'écriture des articulations syllabiques et un certain nombre de signes idéographiques.

Les hiéroglyphes étaient d'un usage épigraphique, monumental; mais, pour les besoins de la vie courante, on employait une écriture dérivée, cursive, à laquelle les modernes ont donné le nom d'*hiératique*. Tandis que l'écriture hiéroglyphique se traçait indifféremment de droite à gauche ou de gauche à droite, l'hiératique s'écrivait toujours de droite à gauche. Peu à peu, l'écriture égyptienne des livres perdit de sa largeur et de sa longueur,

Fig. 79. — Pierre de Rosette.

se restreignit, s'abrégea, devint plus cursive. Après la XXIe dynastie, le système hiératique se simplifia pour la commodité des correspondances commerciales. Les caractères s'abrégèrent encore, diminuèrent de nombre et de volume, et formèrent une troisième sorte d'écriture, la *démotique* ou populaire, employée dans les contrats, les registres de comptabilité, la correspondance privée et même les livres. De plus, cette écriture démotique correspondit à la langue courante, tandis que les hiéroglyphes et les caractères hiératiques servirent à écrire la langue littéraire.

La littérature égyptienne était importante. Dans un des tombeaux de Gizeh, on a trouvé une inscription où un grand fonctionnaire de la VIe dynastie prend le titre de « directeur de la maison des livres ». Cette littérature comprend des écrits religieux, scientifiques, historiques et littéraires. Les livres religieux consistaient en rituels funéraires. Les traités scientifiques qui nous sont parvenus sont relatifs à la géométrie, à l'astronomie, à la médecine, et aussi à l'astrologie. Les ouvrages historiques retraçaient les faits et gestes des anciens rois : c'étaient plutôt des chroniques, — parfois rimées, — que des récits. Quant aux œuvres littéraires, elles revêtaient tantôt la forme de sentences morales, tantôt celle du conte ou du roman.

Les Égyptiens rédigeaient leurs manuscrits sur du papier de papyrus, plante célèbre qui n'existera bientôt plus que de nom dans la vallée du Nil, ainsi que l'atteste Ebers :

« Le botaniste, dit-il, qui cherche des plantes rares au bord des canaux, trouvera à Damiette les derniers spécimens d'une famille autrefois nombreuse sur le Nil, les lotus blancs et bleus, dont le paysan mange encore aujourd'hui la graine réduite en farine. Quant au papyrus, qui jadis était pour ainsi dire le roi de tous les produits du Delta et rapportait aux habitants des richesses immenses, il n'a été vu ici par aucun voyageur digne de foi. Et pourtant, sur ce même bras de fleuve qui arrose le pays, on

Fig. 80. — Alphabet hiéroglyphique.

cultivait avec soin l'espèce la plus estimée de ce *cyperus* auquel notre *papier* doit son nom, et dont la moelle fournissait, non pas à l'Égypte seulement, mais aux autres peuples civilisés de la Méditerranée, une matière excellente à recevoir l'écriture. Encore au temps des califes, il y avait dans le Delta des fabriques de papier : puis le parchemin finit par tuer le produit égyptien. C'était un article des plus importants, car l'Alexandrin Firmus, lorsqu'il se proclama César et se souleva contre Aurélien, tirait de ses fabriques de papyrus assez de revenus pour entretenir une armée. L'introduction en Europe de substances nouvelles, le parchemin d'abord, puis le papier de chiffon, fit subir à la physionomie du Delta une métamorphose complète. A la place de ces fourrés qui formaient une *forêt sans branches,* un *buisson sans feuilles,* une *moisson dans l'eau,* une *parure des marais,* on cultive maintenant le riz, le maïs, l'indigo, le coton. Les habitants du Delta ont perdu jusqu'au souvenir de la plante qu'on a cultivée chez eux pendant des milliers d'années et que Strabon appelle avec justesse « un bâton pelé surmonté d'un plumeau ». L'Européen ne le connaît que dans les serres, ou bien il l'a vu au bord de l'Anapos, si, durant son voyage d'Italie, il a visité Syracuse. Il ne soupçonne guère qu'il se heurte, chaque jour et presque chaque heure, à des idées et à des mots qui doivent leur origine au papyrus d'Égypte.

« *Papyrus* et *Byblus* sont deux formes différentes du même nom. Du premier est sorti notre *papier*, du second notre *bible*. Pour préparer le papyrus, on divisait la moelle renfermée dans la tige en bandes minces qu'on plaçait l'une sur l'autre, puis qu'on polissait. On collait bout à bout les feuillets ainsi obtenus, et le premier d'entre eux était appelé *protokollon, protocole*. Les longues bandes de papyrus ne pouvaient naturellement se conserver que si on les roulait. Chaque livre devenait un *rôle,* et ce mot s'est maintenu avec ce sens dans notre langue de théâtre. Les anciens employaient déjà pour écrire des encres de deux couleurs différentes : la noire servait au texte, la rouge était réservée aux titres de chapitre ; de là nos *rubriques*. Les Romains appelaient communément le papier *charta* ou *carta;* c'est chez nous *charte* et *carte*.

« Nous connaissons diverses espèces de papier égyptien. Chacune tirait son nom soit du lieu d'origine (*saïtique, tanitique*), soit d'une personne haut placée (*livienne, cornélienne*), soit de l'usage auquel elle servait (*hiératique, papier pour billets de théâtre, papier-sac*). Des rouleaux de papyrus de grandeur extraordinaire et de belle conservation sont arrivés jusqu'à nous. Cette substance avait été découverte en Égypte de fort bonne heure, dès avant le temps des Pyramides : son plus grand emploi coïncide avec la splendeur d'Alexandrie. Le papyrus cultivé dans le nome Sebennytique était particulièrement renommé. Sur l'emplacement de la capitale de ce nome, où naquit l'historien Manéthon, s'élève aujourd'hui Samanhoud. C'est un misérable village sur la rive gauche du bras de Damiette ; on passe devant en quittant Mansourah pour remonter le courant. »

Fig. 81. — Le papyrus.

En parlant de la religion de l'Égypte, nous avons eu l'occasion de mentionner les œuvres essentielles de sa littérature sacrée. Le premier de tous, le *Livre des morts*, était déposé auprès de toutes les momies, et un abrégé sommaire en avait été fait sous le titre de *Livre des souffles de la vie*. M. de Horrack a traduit les *Lamentations d'Isis et de Nebthat*, œuvre funéraire. Le *Livre de ce qui est dans l'hémisphère inférieur* présentait sous une forme curieuse les notions de la vieille Égypte sur l'autre vie ; il avait pour pendant le *Livre de ce qui est dans l'hémisphère supérieur*. La plupart des hymnes sacrés se lisent, non sur des papyrus, mais sur les parois des temples ; nous avons donné un spécimen de ce genre littéraire au début de notre livre : l'hymne au Nil (1). La lecture de ces ouvrages religieux dénote tantôt une doctrine purement polythéiste, tantôt cette sorte de monothéisme dont nous avons parlé dans le chapitre *Religion*. Le dépouillement des tombeaux mis à jour par les fouilles enrichira certainement la littérature funéraire de l'Égypte, et quant à sa littérature sacrée, elle se révélera plus importante à mesure que le déchiffrement hiéroglyphique fera de nouveaux progrès. Certains hymnes ont un très grand accent de poésie lyrique.

La littérature égyptienne comprend un certain nombre de recueils de proverbes, analogues à ceux que l'on attribue au roi Salomon : c'était sous forme de préceptes que l'on instruisait la jeunesse et que l'on mettait la morale à la

---

(1) Par exception, l'hymne au Nil est traduit d'un manuscrit du musée Britannique, et un hymne à Ammon est conservé au musée de Boulaq.

portée de tous. Le plus ancien traité de ce genre dont il nous soit parvenu quelques débris est dû à un nommé Kaqimna, qui vivait au temps de la III⁰ dynastie, sous le règne du roi Snéfrou. En voici quelques maximes : « Le savant est rassasié de ce qu'il sait; bon est le lien de son cœur ; agréables sont ses lèvres. — La bonne parole luit plus que l'émeraude ramassée parmi les cailloux. — Le bonheur fait trouver toute place bonne; un petit échec suffit pour avilir un très grand homme. »

Un prince de sang royal nommé Phath-hotpou, qui vivait sous l'avant-dernier roi de la V⁰ dynastie, Assa-Dad-Ké-Ra, avait composé un livre dont le papyrus Prisse, conservé à la Bibliothèque nationale, nous donne la copie. C'est un traité de civilité, de morale pratique à l'usage des gens du monde. Le respect de l'autorité paternelle y est glorifié : « Le fils qui reçoit la parole de son père, y est-il dit, deviendra vieux à cause de cela. — L'obéissance d'un fils envers son père, c'est la joie. Il est cher à son père, et sa renommée est dans la bouche des vivants qui marchent sur la terre. — Le rebelle voit la science dans l'ignorance, les vertus dans les vices; il commet chaque jour avec audace toute sorte de fraudes, et en cela il vit comme s'il était mort. Ce que les sages savent être la mort, c'est sa vie de chaque jour; il avance, chargé de malédictions. — Le fils docile sera heureux par suite de son obéissance; il vieillira, il parviendra à la faveur. »

Ce même ouvrage contient un tableau de la vieillesse qui mérite d'être cité : « Quand la vieillesse se produit, l'impuissance arrive, et la faiblesse enfantine vient à nouveau. Le vieillard reste couché, souffrant chaque jour ; les deux yeux se rapetissent, les oreilles se resserrent, la force s'use : plus de joie au cœur. La bouche se tait ; elle ne parle plus. Le cœur s'obscurcit ; il ne se rappelle plus hier. Les os souffrent à leur tour. Le bon tourne en mauvais ; le goût s'en va tout à fait. La vieillesse rend un homme misérable en toutes choses : le nez se bouche, il ne respire plus. C'est fatigue égale de se tenir debout ou de s'asseoir. » La seule consolation qui reste au vieillard, d'après Phathhotpou, est de mettre son expérience au service des jeunes gens : « Instruit dans les paroles du passé, il fera l'étonnement des enfants des grands ; ce qu'on entendra près de lui pénétrera, car ce sera justesse de cœur. On ne se rassasiera jamais de ce qu'il dira. »

Beaucoup plus tard, le scribe Ani réunissait, pour l'instruction de son fils Khonshotpou, une série de préceptes d'une morale beaucoup plus élevée que celle des maximes de ses prédécesseurs. L'homme, suivant lui, devait souvent penser à la mort et à l'instabilité des choses terrestres, afin d'être vertueux ici-bas : « Il n'est pas d'homme immuable en aucune chose; telle est la réponse de la mort. Aie l'œil sur ta vie. — Rappelle-toi ce qui a été. Place devant toi, comme voie à suivre, une conduite toujours juste. Tu seras considéré comme t'étant préparé une sépulture convenable dans la vallée funéraire qui demain cachera ton corps. Que cela soit devant toi dans toutes les choses que tu as à décider. De même que les vieillards très âgés, tu te coucheras au milieu d'eux. Il n'y a pas de rémission, même pour celui qui se conduit bien; il est aussi disposé de lui. De même à toi viendra ton messager de mort pour t'enlever : oui, il se trouve déjà prêt. Les discours ne te serviront de rien, car il vient, il se tient prêt. Ne dis pas : « Je suis encore un « enfant, moi que tu enlèves; » tu ne sais pas comment tu

Fig. 82. — Le scribe accroupi.

mourras. La mort vient, elle va au-devant du nourrisson, de celui qui est au sein de sa mère comme de celui qui a accompli sa vieillesse. Vois, je te dis des choses salutaires, que tu méditeras dans ton cœur avant d'agir; tu y trouveras le bonheur, et tout mal sera écarté de toi. »

Le scribe Ani insiste autant sur la piété due aux dieux que sur le respect dû à la vieillesse et à l'autorité hiérarchique : « Donne-toi à la divinité, et que demain soit comme aujourd'hui! Que ton œil considère les actes de la divinité; c'est elle qui frappe celui qui est frappé. Ne reste pas assis, tandis qu'un autre se tient debout, s'il est plus âgé que toi, ou s'il est ton supérieur par la fonction qu'il exerce. Que la réponse du vieillard qui s'appuie sur un bâton réprime ta hardiesse, de crainte que tu ne t'exposes à l'indignation par tes discours. »

Puis il condamne les vices dégradants qui avilissent l'homme : « Ne sois pas glouton pour remplir ton ventre à ne plus pouvoir te tenir ferme. Ne t'échauffe pas dans la maison où l'on boit la liqueur enivrante; évite toute parole révélatrice du fait du prochain qui sortirait de ta bouche et que tu ne saurais pas avoir dite. Tu tombes d'ivresse, les membres brisés; personne ne te tend la main. Tes compagnons boivent; ils se lèvent et disent : « Ote-« toi de là, homme qui as bu. » On vient te chercher pour parler affaires; on te trouve gisant à terre, semblable à un petit enfant. »

Ani a pour la femme sage et prudente des paroles louangeuses et donne à son fils de bons conseils pour l'administration de sa maison. « Ne sois pas rude pour ta femme dans la maison, quand tu sais qu'elle est en bon ordre. Ne lui dis pas : « Où est cela? apporte-nous-le! » car elle l'a mis à sa place convenable; car ton œil l'a vu, et tu as gardé le silence en reconnaissant son mérite. Plein de joie, mets ta main dans la sienne. Il y a beaucoup de gens qui ne savent pas comment l'homme se plaît à mettre le malheur dans sa maison, et en réalité ne trouve pas la manière de la conduire. Toute direction de la tenue d'une maison gît dans la douceur patiente de l'homme. — La discipline dans la maison, c'est la vie; use de la réprimande et tu t'en trouveras bien. — Que ta main ne soit pas prodigue pour l'inconnu : il vient à toi pour ta ruine. Si tu mets tes biens à la portée de tes enfants, le captateur viendra vers toi. Thésaurise pour toi-même, et tous tes parents s'empresseront au-devant de toi. »

Il recommande la charité envers les pauvres et trace une ligne de conduite vis-à-vis du prochain : « Ne mange pas le pain en présence d'un assistant resté debout sans que ta main s'étende pour lui offrir du pain. A-t-on jamais vu qu'il n'y ait pas riche et pauvre ? Mais le pain demeure à celui qui agit fraternellement. — Parle avec douceur à qui a parlé brutalement; c'est le remède qui calmera son cœur. — N'observe pas de ta maison l'acte d'autrui. Si ton œil a vu et que tu aies gardé le silence, ne le fais pas raconter au dehors par un autre. — Ne fais pas connaître ta pensée à l'homme de mauvaise langue pour lui donner l'occasion d'abuser de sa bouche; elle circule vite, la révélation sortie de ta bouche. En la répétant, tu crées des animosités. La chute de l'homme est sur sa langue; prends garde de te procurer la ruine. — Garde-toi de toute occasion de blesser par tes paroles; ne te fais pas redouter. Chez l'homme le bavardage est condamnable ; ce ne sera pas une ressource au jour à venir. Tiens-toi éloigné de l'homme de contestation; ne t'en fais pas une compagnie. Il ne recueille pas le bien, celui qui parle mal. — Cherche à garder le silence. »

Pour terminer, il recommande de ne point être ambitieux et de savoir se garder de l'envie : « Tu t'es fait un enclos bien arrosé ; tu as entouré de haies tes terres de labour ; tu as planté des sycomores en cercle, bien ordonnés, dans toute l'étendue de ta résidence ; tu remplis tes mains de toutes les fleurs que ton œil aperçoit. On se fatigue pourtant de tout cela. Heureux qui ne le délaisse pas! Ne place pas ta satisfaction dans les choses d'autrui ; ne compte pas sur le bien d'autrui ; il ne montera pas dans ta demeure. »

Un autre papyrus, conservé au musée du Louvre, contient des préceptes presque tous remarquables, mais dont l'auteur est resté inconnu ; la morale en est élevée et pure ; voici les principaux : « Ne fais pas ton compagnon d'un méchant homme. — N'agis pas d'après les conseils d'un sot. — Ne te promène pas avec un insensé, ne t'arrête pas à écouter ses paroles. — Ne pervertis pas le cœur de ton camarade s'il est pur. — Qu'il n'y ait pas dans le cœur d'une mère d'entrée pour l'amertume. — Ne maltraite pas un inférieur ; respecte les supérieurs. — Ne maltraite pas ta femme, dont la force est moindre que la tienne ; qu'elle trouve en toi son protecteur. — Ne fais pas souffrir un enfant, à cause de sa faiblesse ; prête-lui aide. — Ne te fais pas un divertissement de te jouer de ceux qui dépendent de toi. — Ne sauve jamais ta vie aux dépens de celle d'autrui. »

Ce sont là des maximes et des pensées fort honorables pour ceux qui les ont écrites, mais qui ne font que confirmer d'ailleurs l'idée que nous a donnée déjà de la morale égyptienne l'analyse du *Livre des morts*. Les formules de confession négative qui se rencontrent dans cet ouvrage religieux constituent comme un code des devoirs dont les Égyptiens s'imposaient couramment l'obligation.

La littérature légère, celle qui comprend des romans et des contes, mérite, elle aussi, une mention particulière. M. Maspero a réuni dans un petit volume la plupart des *Contes populaires* de l'ancienne Égypte qui nous sont actuellement connus, et les noms qui figurent dans un grand nombre de ces pièces sont positivement historiques. Le savant égyptologue fait remarquer que les auteurs, en choisissant ainsi leurs héros parmi les rois et les seigneurs de haut rang, ont obéi à un sentiment très développé de patriotisme.

« Les bas-reliefs et les peintures, dit M. Maspero, étalaient leurs portraits à leurs yeux; les inscriptions énuméraient leurs titres et célébraient les gloires de leur règne. Sans remonter aussi loin que Memphis dans le passé de l'Égypte, Thèbes n'était pas moins riche en monuments. Sur la rive droite comme sur la rive gauche du Nil, à Karnak et à Louqsor comme à Gournah et à Médinet-Abou, les murailles parlaient de grandes victoires remportées sur de grandes nations, de guerres toujours heureuses, d'expéditions lointaines au delà des mers. Quand le conteur mettait des rois en scène, l'image qu'il évoquait n'était pas seulement celle d'un mannequin superbe, affublé d'oripeaux souverains; son auditoire et lui-même songeaient aussitôt à ces princes, toujours vainqueurs, dont la figure et la mémoire vivaient encore au milieu d'eux. Il ne suffisait pas d'avancer que le héros était un monarque et de l'appeler pharaon ; il fallait dire de quel pharaon glorieux on parlait, si c'était pharaon Râ-mes-sou ou pharaon Khoufou, un constructeur de pyramides ou un conquérant des dynasties guerrières. La vérité en souffrait souvent. Si familiers qu'ils fussent avec les rois monumentaux, les Égyptiens, qui n'avaient pas fait de leurs annales une étude spéciale, étaient assez portés à corrompre le nom des rois ou à brouiller les époques. Tous ces noms d'autrefois prêtaient au récit un air de vraisemblance qu'il n'aurait pas eu sans cela ; une aventure merveilleuse mise au compte de Sésostris devenait plus probable qu'elle n'aurait été si on l'avait rapportée simplement de quelque personnage inconnu.

« Il s'établit ainsi, à côté de l'histoire réelle, une histoire populaire parfois bouffonne, toujours amusante. De même qu'on eut dans l'Europe du moyen âge le cycle de Charlemagne où le caractère de Charlemagne ne fut guère respecté, on eut en Égypte des cycles de Râ-mes-sou II, des cycles de Tahout-mès III, des cycles de Khoufou, où la personne de Râ-mes-sou, de Tahout-mès, de Khoufou se modifia au point de devenir méconnaissable. La plupart sont perdus, et les rares fragments qui en subsistent n'ont pas toujours été appréciés à leur juste valeur. »

Ces considérations expliquent les erreurs commises par les auteurs grecs. Lorsqu'un voyageur arrivait en Égypte et interrogeait son guide sur tel ou tel fait, le guide lui racontait de l'histoire travestie, la seule qu'il sût, la seule qui eût cours parmi le peuple. Hérodote lui-même n'a pas échappé à cet abus, ce qui explique les erreurs de son

Fig. 83. — Table royale d'Abydos.

livre, néanmoins très précieux. Comme spécimen de contes égyptiens, nous analyserons celui du *Prince prédestiné*.

Un roi d'Égypte avait un grand chagrin de n'avoir point de fils ; les dieux, cédant enfin à ses prières, lui en accordèrent un. Les sept Hat-Hor, étant venues fixer sa destinée, le jour de sa naissance, prédirent qu'il devait périr de la dent d'un serpent, d'un crocodile ou d'un chien. Effrayé de cet horoscope, le roi retint toujours le jeune prince dans le palais, en prenant surtout soin qu'il ne se trouvât jamais en contact avec l'un des des trois animaux qui devaient lui être si nuisibles. Malgré ces précautions, l'enfant aperçut un jour un chien, et cet animal le charma tellement par ses jeux et ses gambades, qu'il fut on ne peut plus affligé de n'avoir pas un semblable ami pour partager ses distractions. Son père céda enfin à ses larmes, de peur de le voir mourir de chagrin, et lui donna un tout jeune chien, espérant que celui-ci s'attacherait tant à son jeune maître qu'il serait incapable de lui faire du mal, et qu'il le défendrait contre les accidents prédits par les Hat-Hor.

Quand le prince fut arrivé à l'âge d'homme, il tourmenta son père jusqu'à ce que celui-ci lui eût rendu la liberté, en lui disant que si les dieux avaient décidé qu'une de ces trois morts fût la sienne, il ne pourrait l'éviter, et qu'il valait mieux qu'il profitât de l'existence pendant qu'il était jeune. Le roi se laissa persuader par ce raisonnement et, après avoir béni son fils, le laissa partir vers la Syrie.

Tout en chassant et en se divertissant, il arriva au

pays de Naharima. Le roi qui y régnait alors avait une fille, la plus jolie qu'on pût imaginer. Il l'avait enfermée dans une haute tour, et avait juré qu'elle n'en sortirait que pour être la femme de celui qui, par une puissance magique, saurait parvenir jusqu'à elle. Il va sans dire que tous les jeunes princes de la Syrie, sachant la fille du roi riche et belle, avaient essayé d'escalader la muraille gigantesque, mais sans résultat. Notre héros, cachant avec soin son illustre naissance et se donnant comme un simple aventurier, se présenta pour obtenir la belle captive. Grâce au pouvoir d'une conjuration magique, il parvint à s'envoler jusqu'aux fenêtres de la princesse et entra dans la tour. La jeune fille conjura son père de tenir parole, et, après quelques difficultés, le roi consentit au mariage.

Le prince confessa alors son origine à sa femme, ainsi que la prédiction qui avait été faite à sa naissance. Elle le pria inutilement de se défaire de son chien, de crainte qu'il n'aidât funestement le destin; il n'y voulut point consentir, et il eut tort, car quelque temps après, un serpent étant parvenu à se glisser dans la chambre du prince, sa jeune épouse l'aperçut et le préserva d'un premier danger en tuant le reptile. Mais voici qu'un crocodile sort du fleuve et entre dans la capitale de Naharima. Un géant reçoit l'ordre de veiller sur les moindres mouvements du prince, qu'il débarrasse de son dangereux ennemi. Enfin, le prince, après avoir échappé au crocodile et au serpent, reçoit la mort de son chien favori, ce qui démontre que nul n'évite sa destinée.

Il y a au musée de l'Ermitage, à Saint-Pétersbourg, un

papyrus contemporain de la XII° dynastie, qui contient la narration du prétendu voyage d'un marinier égyptien aux mines du haut Nil. Ce marinier, parti avec cent

Fig. 84. — Zodiaque circulaire de Denderah.

cinquante hommes sur une énorme barque, éprouve toutes sortes d'aventures qui rappellent celles de Sindbad le marin, conte célèbre des *Mille et une Nuits,* et qui ont été traduites par M. Golenischen.

Nous avons réservé pour la fin la littérature scientifique. Elle est importante parce qu'elle fait voir les résultats remarquables auxquels parvint sur la terre pharaonique la spéculation de ces prêtres, qui auraient été de vrais savants, s'ils n'avaient mêlé aux travaux les plus sérieux leurs croyances à la magie et à l'astrologie.

Les prêtres divisaient les astres en *ákhimou ourdou* (astres qui ne se reposent jamais) et en *ákhimou sekou* (étoiles fixes). Peut-être ont-ils été jusqu'à assimiler la terre aux planètes, à lui attribuer un mouvement de translation analogue à celui de Mars et de Jupiter. Le ciel est une masse liquide, un océan céleste (*nou*) sur lequel flottent les astres mobiles, qui sont figurés sur les monuments par des génies à forme humaine ou animale, mais les étoiles fixes sont des lampes suspendues au firmament et allumées chaque soir par la divinité pour éclairer le monde. Toutes les étoiles visibles à l'œil nu furent cataloguées avec l'heure de leur lever et de leur coucher. Le lever héliaque de *Soth* (Sirius) marquait le commencement de l'année civile en même temps que le commencement de l'inondation.

L'année était divisée en 12 mois de 30 jours, chacun suivis de 5 jours complémentaires ou épagomènes, mais cette période de 365 jours était en réalité plus courte que l'année solaire, à peu près d'un quart de jour. Il y eut donc tous les 4 ans un retard d'un jour sur cette année, si bien que pour 365 × 4 ou 1,460 années solaires on compta 1,461 années civiles écoulées. Au bout de quatorze siècles et demi, l'accord était parfait de nouveau, puisque le commencement de l'année sothique coïncidait avec celui de l'année astronomique. La période de 1,460-61 ans qui ramenait cette coïncidence était désignée sous le nom de « période sothiaque ».

Les mois qui composaient le calendrier s'appelaient : Thoth (29 août), Paopi (29 septembre), Atyr (28 octobre), Khoiak (27 novembre), Tybi (27 décembre), Mekheir (26 janvier), Phamenoth (25 février), Pharmonthi (27 mars), Pakhous (26 avril), Payni (26 mai), Épiphi (25 juin), Mesori (25 juillet). Les jours épagomènes n'étaient désignés que par leur ordre numérique. Lorsqu'on regarde la série des signes au moyen desquels les noms des mois sont exprimés dans les inscriptions hiéroglyphiques, on voit que ces douze noms sont divisés en trois séries, dont chacune est caractérisée par un signe particulier, surmonté de la figure du croissant de la lune renversé. Ces trois séries prouvent que l'année égyptienne était partagée en trois saisons seulement, et les trois signes de série indiquent en effet : le premier, la saison des plantes ou de la végétation ; le second, la saison des récoltes ; le troisième, la saison de l'inondation.

En géométrie, les prêtres savaient calculer les volumes et mesurer les surfaces. Un papyrus du musée Britannique contient des théorèmes de trigonométrie et une sorte de manuel d'arithmétique élémentaire. La numération était décimale : des chiffres spéciaux représentaient 1, 10, 100, 1,000, 10,000, 100,000, et l'on répétait autant de fois le chiffre de l'unité, de la dizaine, de la centaine qu'en contenait le nombre à exprimer.

Le papyrus Ebers et divers autres documents nous font connaître l'état de la médecine égyptienne. La médecine théorique était peu avancée, la religion interdisant de disséquer les cadavres pour les étudier, et d'ailleurs les médecins n'avaient aucun intérêt à s'instruire, à perfectionner leur art, puisque toutes les fois qu'ils s'éloignaient des règles de certains livres réputés divins, ils encouraient le châtiment des homicides en cas de mort du malade qu'ils avaient soigné. Ils croyaient que le corps renferme un certain nombre de vaisseaux, qui charriaient des souffles vitaux dans toutes ses parties. Dans les maladies que mentionnent les documents, on a cru reconnaître les varices, l'érésipèle, l'épilepsie, etc.

Comme médicaments, on employait des pommades, des potions, des cataplasmes et des clystères. Les ingrédients minéraux, végétaux et animaux de chaque remède étaient pilés ensemble, bouillis, passés dans un linge, étendus d'une tisane quelconque et sucrés de miel. Les Égyptiens, aimaient d'ailleurs à se soigner. Ils se purgeaient tous les mois, persuadés que toutes les maladies de l'homme viennent des aliments ; mais ils pensaient aussi qu'elles étaient pour une bonne part déterminées par les esprits malfaisants. Aussi les ordonnances se composaient-elles de deux parties : une formule magique et une formule médicale.

Pour terminer ces brèves notions sur les sciences dans l'ancienne Égypte, nous dirons que les papyrus de Leyde sont les plus anciens manuscrits alchimiques connus.

FIN.

TABLE DES MATIÈRES.

Chapitre Ier. — Les anciens Égyptiens, leur origine et leur histoire 5
Chapitre II. — La religion et le culte 49
Chapitre III. — Constitution politique et sociale 86
Chapitre IV. — Les lois de l'Égypte 108
Chapitre V. — Mœurs et coutumes ; industrie 123
Chapitre VI. — L'art égyptien 146
Chapitre VII. — Les lettres et les sciences 199

www.ingramcontent.com/pod-product-compliance
Lightning Source LLC
Chambersburg PA
CBHW051912160426
43198CB00012B/1862